MAÇÃ
equilíbrio e saúde

*Este livro é uma obra de consulta e esclarecimento.
As receitas e técnicas aqui descritas têm o objetivo de
complementar – e não substituir – o tratamento ou
cuidados médicos. As informações aqui contidas não
devem ser usadas para tratar uma doença grave sem
prévia consulta médica.*

Maureen Lemos Gregson

*equilíbrio
e saúde*

São Paulo
2009

EDITORA ALAÚDE

Copyright © 2009 Maureen Lemos Gregson
Todos os direitos reservados. Nenhuma parte deste livro poderá ser reproduzida, de forma alguma, sem a permissão formal por escrito da editora e do autor, exceto as citações incorporadas em artigos de crítica ou resenhas.

1ª edição em agosto de 2009 - Impresso no Brasil

Diretor-geral: Antonio Cestaro
Gerente editorial: Alessandra J. Gelman Ruiz
Editora executiva: Ibraíma Dafonte Tavares
Editor de arte: Walter Cesar Godoy
Editor-assistente de arte: Rodrigo Azevedo Frazão

Impressão e acabamento: Ipsis Gráfica e Editora S/A

Dados Internacionais de Catalogação na Publicação (CIP)
(Câmara Brasileira do Livro, SP, Brasil)

Gregson, Maureen Lemos
   Maçã : equilíbrio e saúde / Maureen Lemos Gregson.
-- São Paulo : Alaúde Editorial, 2009.

   1. Fruta - Uso terapêutico 2. Maçã (Culinária) 3. Saúde
- Promoção I. Título.

09-07835   CDD-615.535

Índices para catálogo sistemático:
1. Maçã : Alimento natural : Promoção saúde :
   Medicina natural 615.535

ISBN 978-85-7881-019-1

© Todos os direitos desta edição são reservados à Alaúde Editorial Ltda.
Rua Hildebrando Thomaz de Carvalho, 60 – CEP 04012-120
São Paulo – SP – Brasil – Fone: (11) 5572-9474 / 5579-6757
www.alaude.com.br – alaude@alaude.com.br

AGRADECIMENTOS

Gostaria de agradecer aos meus pais, Wilma e Stanley, e aos meus filhos, Raquel e Rafael, pela compreensão e carinho durante a elaboração desta obra. Ao meu irmão Paul, pela oportunidade, força e incentivo, e ao meu ex-marido Marcello, pela colaboração técnica. À Rosana Farah, pelo apoio técnico de finalização deste livro.

SUMÁRIO

Introdução		9
Capítulo I	Maçã, a rainha das frutas	13
Capítulo II	A maçã e sua origem	23
Capítulo III	Histórias, mitos e curiosidades	31
Capítulo IV	Produção no Brasil e no mundo	47
Capítulo V	Propriedades nutricionais e nutracêuticas da maçã	55
Capítulo VI	Benefícios da maçã para a saúde e beleza	67
Capítulo VII	Os subprodutos e os derivados da maçã	77
Capítulo VIII	O vinagre de maçã	85
Capítulo IX	Receitas deliciosas com maçã	97
Referências bibliográficas		143
Sites de interesse		145

INTRODUÇÃO

Quando se fala em frutas, a maçã logo vem à mente. Ela é, de fato, uma das frutas mais conhecidas e cultivadas no mundo, e também uma das mais antigas. Talvez por isso exista tanto simbolismo envolvido com sua imagem, em lendas, mitologias e histórias bíblicas, o que envolve esse alimento em uma aura quase mágica. Ela pode certamente ser considerada a rainha das frutas por sua popularidade, aceitação, e difusão pelo globo. É difícil encontrar alguém que não goste dessa fruta, que tem sabor delicioso, perfume envolvente e cor convidativa. De consistência crocante e agradável, hoje é encontrada em praticamente todas as regiões do planeta. Sua alcunha de *rainha* é merecida também por seu poder nutritivo e nutracêutico, já que é riquíssima em nutrientes e substâncias benéficas à saúde.

Acredita-se que a maçã já existia na pré-história, como mostram restos arqueológicos encontrados em escavações neolíticas. No século XII a.C., a maçã já era cultivada nos vales férteis do Nilo, durante o reinado do faraó Ramsés III. Na mitologia grega, a maçã de ouro dada por Páris à deusa Afrodite provocou a inimizade entre Atena e Hero, história conhecida como o "pomo da discórdia". No século XVI, os conquistadores espanhóis estenderam o cultivo da maçã ao novo mundo, e, um século mais tarde, a fruta foi para a América do Norte, e, posteriormente, à África e Austrália. Mesmo sem conhecer suas propriedades nutricionais, a sabedoria popular desde sempre atribuiu à maçã propriedades e virtudes saudáveis e não é à toa que o ditado norte-americano diz: *An apple a day keeps the doctor away* [uma maçã por dia deixa o médico longe].

Muito apreciada por seu delicado sabor e fácil digestão, as possibilidades de consumo e de utilização da maçã são bastante amplas e incentivam a imaginação dos cozinheiros: *in natura*, crua, cozida ou assada, com ou sem casca, inteira, em mordidas crocantes e suculentas, em pedaços, ralada, raspada ou em purê, como ingrediente para doces, geleias, compotas, bolos, tortas, crepes e *strudels*, como acompanhamento para carnes e no preparo de inúmeros pratos salgados, ou como bebida, em sucos, vitaminas, chás, vinhos e sidras, e ainda como vinagre.

É perfeita para lanches, pois traz saciedade e é prática de ser transportada.

Para as crianças, a maçã é muito recomendada, e, em muitos casos, é o primeiro alimento com o qual o bebê tem contato depois do leite materno, ou seja, é a maçã muitas vezes que apresenta ao bebê o delicioso mundo dos sabores. Fácil de ser encontrada em diversas variedades, é um alimento barato e indicado. Dentre seus nutrientes, encontram-se vitaminas B1, B2, niacina e sais minerais, como fósforo e ferro. É também rica em antioxidantes e em quercetina, substância que evita coágulos sanguíneos. As maçãs são excelentes fornecedores de fibras, tanto insolúveis, encontradas na casca, quanto solúveis, como a pectina, que ajuda a reduzir os riscos de doenças cardiovasculares, previne a prisão de ventre e dificulta a absorção de gorduras e glicose, e por isso é útil para quem quer emagrecer. Os flavonoides e polifenóis presentes na casca e na polpa são substâncias antioxidantes capazes de preservar as células dos danos provocados pela ação dos radicais livres. Dessa forma, são responsáveis por retardar o envelhecimento e proteger o organismo de uma série de doenças.

A maçã também é rica em potássio, que ajuda a diminuir o sódio excedente, eliminando o excesso de água retida no corpo. A maçã também é um auxiliar perfeito para a higiene bucal e para a manutenção da voz. É pobre em gordura e equilibrada em frutose.

Essas e outras características tornam a maçã um dos alimentos mais importantes para uma alimentação saudável e equilibrada. Nas páginas a seguir, conheça mais da história, produção, cultivo, mitos, curiosidades e propriedades nutricionais da maçã, seus subprodutos, como o notável vinagre de maçã, além de diversas receitas deliciosas, que tornam o consumo dessa fruta ainda mais prazeroso e saudável.

CAPÍTULO I

MAÇÃ, A RAINHA DAS FRUTAS

A maçã é o fruto da macieira, árvore da família *Rosaceae*, pertencente ao gênero *Malus*, com muitas variedades, sendo as mais comuns a *Malus domestica* e a *Malus sieversii*, e seus respectivos híbridos. A maçã é um fruto globoso, com formato arredondado e tamanho variável entre cinco e dez centímetros de diâmetro, e com cor de casca que muda segundo o tipo, podendo ser vermelha, amarela ou verde, eventualmente com pequenas manchas esverdeadas ou amareladas. A cor da polpa da maçã varia entre o branco e o amarelo, assim como sua consistência que, segundo a variedade, pode ser compacta ou esfarelenta. No Brasil, as variedades de maçã mais conhecidas são a amarela ou dourada e a vermelha. A maior parte das maçãs no mercado brasileiro é importada, principalmente de países com climas temperados. Na realidade, cientificamente falando, a maçã não é realmente um fruto, e sim um pseudofruto (falso fruto), já que é originário do desenvolvimento de outras partes da flor que não seu ovário.

Classificação científica da maçã

Reino: *Plantae*
Divisão: *Magnoliophyta*
Classe: *Magnoliopsida*
Ordem: *Rosales*
Família: *Rosaceae*
Gênero: *Malus*
Espécie: *Malus domestica, Malus sieversii*
e outras

A macieira pode ser um arbusto ou uma árvore com tronco curto e copa arredondada, que chega a atingir até dez metros de altura, e tem folhagem de cor verde escura, com folhas em formato oval e dentadas nas margens, além do pecíolo curto e grosso. As flores da macieira são geralmente róseas e podem apresentar cor branca e muito perfume. A planta da maçã é originária da Europa e da Ásia, e geralmente é plantada em terras altas e de clima temperado, porém, há variedades que suportam o clima frio e até mesmo climas mais quentes.

As variedades da maçã brasileira

No Brasil, a plantação de maçãs resulta em, basicamente, a produção de duas variedades, Gala e Fuji, que representam, em média, aproximadamente 94% da área total plantada. As outras variedades plantadas são a Eva, Golden Delicious, Brasil, Anna, Condessa, Catarina e Granny Smith. As cultivares Eva, Anna e Condessa possuem baixa exigência de frio, o que as torna recomendáveis para plantio em regiões um pouco mais quentes e com produção entre dezembro e janeiro. A Gala vem sendo gradativamente substituída por clones de coloração mais vermelha dos frutos, como a Royal Gala, Imperial Gala e Galaxy. Seus frutos são colhidos nos meses de janeiro e fevereiro. A Fuji apresenta, por sua vez, a vantagem de ser mais resistente ao armazenamento do que a Gala. As variedades de maçãs mais comuns encontradas nos pontos de venda do Brasil e suas qualidades principais estão listadas a seguir:

Red – O tamanho da maçã varia de médio a grande, a coloração é vermelho-forte e brilhante, a polpa é doce e tem pouco suco e é esbranquiçada. É conhecida como maçã argentina. Quando está muito madura, apresenta polpa farinhenta.

Fuji – É originária de cruzamentos realizados no Japão entre variedades. Possui casca de cor avermelhada, com fundo esverdeado, e é rajada. Sua polpa tem coloração amarelo-clara, e ela é firme e crocante, com sabor levemente ácido, além de ser muito perfumada.

Gala – É a maçã ideal para a alimentação infantil, pois possui aroma e sabor doce, com polpa suculenta e firme. Tem tamanho pequeno e cor vermelha com fundo amarelo.

Granny Smith – É a conhecida maçã verde. A coloração se dá pela ausência de antocianinas, substâncias responsáveis pela coloração vermelha das maçãs. Possui polpa firme e crocante, branca, com estrias verdes. Seu sabor é levemente ácido. Existem mais duas variedades de maçãs verdes, a Matsu, que é ácida e verde-amarelada, e a Golden, que é doce e de cor verde-amarelada.

Os programas de melhoramento genético vêm criando variedades com menor exigência de frio e maior resistência às doenças. O Instituto Agronômico do Paraná (IAPAR) pesquisou e desenvolveu uma variedade chamada de IPR Julieta (a sigla IPR deriva de IAPAR e é usada para identificar a variedade junto ao órgão competente de registro), que é uma conquista do programa de pesquisa em fruticultura desse instituto. O grande diferencial e ganho em qualidade dessa variedade de maçã é a menor exigência em frio, tornando-a mais resistente e menos sensível às baixas temperaturas e, consequentemente, uma maturação mais precoce e alta produtividade se comparada com outras variedades disponíveis no mercado. A IPR Julieta pode ser adaptada para plantio nas regiões Centro-Oeste e Sul do Paraná, onde o inverno não oferece frio suficiente para uma produção viável. Além disso, ela é mais resistente ao ataque de ácaros e de outras pragas comuns às plantações de maçãs. São maçãs de bom aspecto comercial, com tamanho médio acima de 150 gramas e sabor doce, levemente acidulado.

Variedades de maçãs estrangeiras

Muitos países mantêm importantes produções de maçãs de diversas variedades. O mercado consumidor é altamente exigente em relação à qualidade das frutas, o que demanda um beneficiamento capaz de selecionar criteriosamente as frutas com potencial de mercado *in natura*. Os mais importantes produtores em termos de volume e qualidade, e algumas das variedades cultivadas são:

Nova Zelândia: Braebum, Cox´s Orange Pippin, Gala, Ginger Gold, Golden Delicious, Califórnia Honeycrisp, Idared, Jonagold, Jonathan.

Estados Unidos: Cameo, Cortland, Empire, Newton Pippin, Lodi, Red Delicious, Rome Beauty, Winesap.

Reino Unido: Cox´s Orange Pippin, Worcester Permain.

França: Egremont Russet.

Japão: Fuji.

Ásia: Gala.

Austrália: Gala, Granny Smith, Pink Lady.

Canadá: Mcintosh, Old Apple

Algumas variedades internacionais

Early Red One – tem ótimo aspecto e uma casca brilhante de um vermelho intenso. Seu miolo é suculento, pouco aromático, mas muito doce. É encontrada de setembro a junho.

Top Red – tem cor vermelha com estrias e casca brilhante. O miolo é consistente, mas pode se tornar farinhento com o tempo. Seu sabor é bem doce e é encontrada de setembro a junho.

Red Delicious – é uma variedade norte-americana que proporciona frutos grandes e alargados, de casca vermelho-brilhante. Sua polpa é suculenta, muito mole, de sabor doce, nada ácido. É muito aromática.

Starking – é uma das mais conhecidas variedades, originária dos Estados Unidos, sendo uma mutação da Red Delicious. Sua casca é brilhante com estrias vermelhas e verdes. Seu interior é branco-amarelado, crocante, de sabor doce. Como as anteriores, também é encontrada de setembro a junho.

Royal Gala – de origem neozelandesa, tem casca com estrias vermelhas e alaranjadas, sobre um fundo amarelo-esverdeado. Sua forma é bastante arredondada e seu miolo é branco, crocante e consistente. Muito aromática e suculenta, sua colheita acontece do fim de agosto até dezembro.

Granny Smith – procede da Austrália e é fácil de ser reconhecia, pois tem a casca de cor verde intenso, com alguns pontos brancos. É muito redonda, com miolo branco, muito crocante e suculento, de sabor ligeiramente ácido.

Golden Supreme – é a primeira a ser colhida, sendo encontrada de agosto até novembro. Tem cor verde com tonalidades rosadas, e forma globosa. Sua carne crocante e suculenta é ácida e pouco aromática.

Golden Delicious – variedade de origem norte-americana, é uma das mais cultivadas no mundo. Sua casca é amarelo-esverdeada, com pequenos pontos escuros que se chamam lenticelas, e que são órgãos respiratórios da fruta. Sua forma é redonda e regular. Sua carne é suculenta, crocante, doce e aromática. Encontrada durante o ano todo.

Reineta cinza do Canadá – variedade da maçã francesa, que tem tamanho grande e forma achatada. Sua casca é grossa e rugosa, de cor amarelo-oxidado ou acinzentada, e sua polpa tem o aspecto viscoso. É suculenta, com sabor açucarado e com um agradável ponto ácido.

Mcintosh – é uma fruta de tamanho médio e forma redonda. A cor da sua casca é formada pela combinação de dois tons de vermelho, ou de um vermelho e um verde. Seu miolo crocante e suculento é ligeiramente ácido.

Escolha certo

Na hora de comprar maçãs, escolha sempre as frutas de coloração mais viva, casca mais brilhante e de tonalidade acentuada, com polpa firme e sem partes amolecidas, furos ou rachaduras, que são bons indicadores da sua qualidade. Nessas condições, a maçã se conserva por até um mês na geladeira. O período de safra brasileira vai de janeiro a abril. Nos outros meses, estão disponíveis somente as maçãs importadas, que são principalmente provenientes da Argentina e dos Estados Unidos. As maçãs doces devem preferencialmente ser consumidas *in natura*, ou seja, cruas ao natural. As mais ácidas, por amolecerem mais rapidamente, são mais indicadas para uso culinário.

As maçãs em si têm mais vantagens nutricionais que o suco de maçã. Ainda assim, se optar por sucos, escolha os "néctares", pois eles conservam mais propriedades benéficas. Maçãs bem maduras e com casca apresentam maiores níveis de atividade antioxidante do que as preservadas sem a casca ou os sucos ou polpas, nos quais há também menos fibras e fitonutrientes, por causa do processo de extração. Assim como quase todos os frutos, as maçãs atingem seu pico nutricional quando estão bem maduras. Prefira, portanto, o fruto com casca e bem maduro.

CAPÍTULO II

A MAÇÃ E SUA ORIGEM

A maçã é tão antiga quanto a história da humanidade. Nas regiões temperadas, a macieira é cultivada há muitos milênios. Segundo alguns pesquisadores, as primeiras macieiras surgiram há 25 mil anos, em algum ponto entre o Cáucaso e o leste da China. Outras investigações indicam que as espécies atuais existem desde o término da era glacial, há 20 mil anos. Na Antiguidade, a participação da maçã na vida do homem pode ser verificada por inúmeras histórias, lendas e em mitos provenientes de distintas civilizações de locais muito distantes. Até os dias de hoje não se sabe ao certo quando e onde se originou a macieira, e qual ou quais foram as espécies silvestres que deram origem à maçã contemporânea, cujas variedades são atualmente conhecidas. Podem ser, por exemplo, a *Malus sylvestris*, originária da Europa, a *Malus prinifolia*, originária do Cáucaso e de parte da Rússia, ou todas elas em conjunto.

O que se sabe é que o centro da diversidade do gênero *Malus* é originária talvez do leste da Turquia, mas certamente de algum lugar entre o sudeste da Europa e o sudoeste da Ásia. A macieira é talvez a primeira árvore a ser cultivada pelo ser humano, e seu fruto tem sido melhorado por seleção natural ao longo dos anos. Atribui-se a Alexandre, o Grande o crédito de encontrar maçãs anãs na Ásia Menor em 300 a.C., e de levá-las para a Macedônia. Maçãs de inverno, colhidas no final do outono e estocadas no frio foram uma importante fonte alimentar na Ásia e na Europa durante milênios.

Segundo o pesquisador Dehais, a maçã é considerada nativa da região limitada ao norte pelas montanhas do Cáucaso meridional, ao sul pela parte norte do Irã, ao leste pelo mar Cáspio e a oeste pela região de Trevisonda, na Turquia, sobre o mar Negro. Nesses limites, atualmente estão os países Geórgia, Azerbaijão e Armênia, o norte do Irã e o leste da Turquia. As maçãs se difundiram pela Europa com facilidade por causa de sua adaptabilidade a diferentes climas, adotando, em sua viagem pelo planeta, diferentes cores, formas, sabores e histórias, pois essa fruta tem um valor simbólico grande.

Egito, China, Índia, Grécia, Israel e Roma revelam a presença da maçã em diferentes fontes documentais. A arqueologia mostra que na Idade da Pedra, na Europa Central, consumiam-se maçãs frescas e secas ao sol. Nos primeiros registros escritos egípcios e chineses, a fruta aparece mencionada. É sabido que há 8.500 anos maçãs já cresciam e eram consumidas em Jericó, cidade próxima do rio Jordão, na Palestina, considerada a cidade mais antiga do mundo (partes da cidade datam de 11 mil anos), o que indica que a presença da maçã é quase tão antiga quanto os primeiros assentamentos humanos. Não há evidências de que Jericó tenha pomares como os conhecemos modernamente, mas a presença de sementes de maçã significa que elas eram comidas, e suas sementes, espalhadas e germinadas. Em algumas regiões, na Antiguidade, as maçãs eram destinadas à nobreza, e eram sobremesa já há 4.500 anos. A maçã já era cultivada em 300 a.C pelos fenícios e cartagineses. Os hititas, sabidamente, consumiam maçãs, assim como os acádios, já que uma múmia encontrada no cemitério real de Ur havia sido sepultada com diversos itens, dentre eles um prato com fatias de maçã.

Na bíblia, no código de Manu (século V a.C), na história das plantas do grego Teophrastus (300 a.C.) e em obras de botânica feitas por romanos (Marco Terencio e Plínio Caio) também há referência à maçã, mostrando a difusão da fruta por essas regiões. Na Idade Média, a maçã, notadamente a silvestre, era cultivada e consumida pelas classes sociais mais altas.

O cultivo era reservado para monastérios e para a nobreza, feito em lugares isolados como pântanos drenados ou ladeiras de colinas. Já no século XVI, os médicos indicavam consumir maçãs cozidas e temperadas, por considerarem-na uma fruta muito úmida e fria. Durante o século XVII, foi utilizada pelos camponeses europeus para fazer sidra, uma bebida. Chegou ao Novo Mundo pelos colonizadores europeus, mas há informações de se haver encontrado evidências dessa fruta em ruínas de colônias vikings na Groenlândia e no Canadá, datadas de mais de 400 anos antes do descobrimento da América por Colombo.

A maçã foi uma importante fonte alimentícia em todos os tipos de climas frios. É a espécie de fruto, com exceção dos cítricos, que pode ser conservada durante mais tempo sem perda de suas propriedades nutritivas. Têm-se conhecimento de mais de 7.500 espécies e variedades de maçãs, que se concentram em climas temperados e subtropicais, já que as macieiras não florescem em áreas tropicais, pois necessitam de uma considerável quantidade de horas de frio, conforme a variedade cultivada. A família Gala, por exemplo, necessita de um inverno com cerca de 700 horas de frio, em temperatura abaixo de 7,2°C, para ter o rendimento ideal na colheita.

Cultivo no Brasil

No Brasil, os primeiros cultivares que chegaram da Europa durante os anos 1920, com o objetivo de se estabeleceram plantações comerciais, foram instalados no sul de Minas Gerais, na região de Maria da Fé. Ali, as macieiras se deram muito bem, em virtude da altitude e do clima, que se aproxima ao das regiões temperadas. No entanto, por aqui, até os anos 1960, a maçã era fruta rara, difícil de ser encontrada, e guardada para ocasiões especiais ou então reservada para a nutrição de crianças pequenas e para o restabelecimento e a convalescência de pessoas enfermas. Assim sua cultura no país sempre ficou limitada a pomares domésticos, não tendo expressão econômica até meados do século XX. Até a década de 1960, somente a região de Valinhos, no Estado de São Paulo, possuía alguns pomares comerciais, cultivados com variedades de baixo valor comercial e que eram vendidas embaladas em caixas de tomate. A moderna pomicultura brasileira surgiu em 1962, pela da Sociedade Agrícola Fraiburgo (Safra), composta por empresários brasileiros e europeus. Para melhor conhecer as potencialidades da região, a Safra implantou um grande pomar experimental que abrangia mais de 70 hectares, no qual foram plantadas todas as espécies temperadas com valor comercial, dando ênfase à uva, maçã e frutas de caroço.

Em 1965, dentro do objetivo do governo militar de diminuir a dependência externa do país, o ministro do planejamento solicitou aos Estados Unidos e à França apoio técnico para a implantação da pomicultura no Brasil. O governo americano enviou no mesmo ano uma missão técnica, que visitou as regiões produtoras (exceto Fraiburgo) e concluiu que o Brasil não tinha condições climáticas para a cultura da macieira em bases comerciais. Em 1966, a França enviou um técnico mundialmente conhecido, que foi levado aos mesmos locais visitados pelos americanos, mas, como tinha fornecido mudas para a Safra em 1962 e 1963, incluiu Fraiburgo no roteiro de visitas. Ao visitar os pomares experimentais da região, o grupo técnico oficial encontrou macieiras das variedades Starkrinson e Golden Spur com uma ótima produção, mostrando a viabilidade econômica da cultura no país, e recomendou a utilização da tecnologia lá empregada, para desenvolver a cultura no Brasil. Em 1969, o governo federal incluiu a macieira na lei de incentivos fiscais para reflorestamento, que permitiu o surgimento dos primeiros pomares comerciais na região de Fraiburgo. No início da década de 1970, a secretaria da agricultura criou um programa que beneficiava pequenos e médios produtores.

A partir da década de 1970, iniciou-se uma atividade comercial consistente na produção de maçãs. Até esse período, a produção anual era de cerca de mil toneladas. Com incentivos fiscais e apoio à pesquisa e extensão rural, o sul do Brasil aumentou a produção de maçãs em quantidade e em qualidade, fazendo com que o país passasse de importador a autossuficiente e com potencial de exportação. Em levantamentos feitos pela Associação Brasileira de Produtores de Maçãs (ABPM), verificou-se que, na safra de 2001, aproximadamente 2.700 produtores estiveram envolvidos na cultura, e a área plantada foi de cerca de 30 mil hectares, com produção estimada de 800 mil toneladas. A maçã brasileira já conquistou os consumidores de outros países, especialmente os europeus, e hoje, entre 10 a 20% da produção são exportados para diversos mercados, principalmente para a Europa. O setor da maçã é reconhecido pelo governo, pela sociedade e por todos os segmentos da fruticultura nacional, sendo frequentemente apontado como exemplo pelo sucesso alcançado.

CAPÍTULO III

HISTÓRIAS, MITOS E CURIOSIDADES

Talvez por estar presente durante todo o tempo da civilização e fazer parte integrante da história do ser humano, já que foi uma das primeiras frutas com as quais ele teve contato, a maçã é protagonista e participante de inúmeras histórias, mitos e lendas, constituindo-se em um símbolo poderoso, forte e significativo. Ademais disso, já existe uma simbologia para as árvores, frutos e sementes que vem desde a Antiguidade. As árvores em si são símbolo da ligação entre o céu e a terra, por terem suas raízes enterradas e sua copa voltada ao céu. Sua verticalidade também liga-se à ideia de escada ou montanha. Vários deuses da mitologia grega são associados a árvores: Júpiter (azinheira), Baco (videira) e Apolo (louro). Os frutos simbolizam a doçura e os prazeres, e as sementes, que originam a nova árvore, são símbolo do ciclo natural de tudo, que eternamente se regenera, trazendo a ideia de imortalidade.

A maçã é símbolo de fecundidade, principalmente a vermelha, que também é associada ao amor. Outro símbolo ligado à árvore e também à maçã é o coração, órgão vital do corpo humano e simbolicamente o centro do homem e do mundo, já que é diretamente associado à vida. Diversos povos e religiões, ao longo dos tempos, trouxeram várias interpretações para a representatividade da maçã em suas culturas de origem. Na tradição celta, a maçã era considerada um símbolo do conhecimento espiritual, revelação e magia. Já para os gregos, as maçãs eram consideradas símbolos da imortalidade e conferiam juventude eterna aos heróis. No simbolismo cristão, a forma esférica, entre outras coisas, é vista como uma referência à Terra, e a cor e a doçura, como símbolos da sedução. Talvez por esse motivo, a maçã tenha sido associada ao primeiro pecado.

A fruta teve uma dupla interpretação simbólica durante a Idade Média, pois de um lado era identificada como a causadora do pecado original e por outra interpretação tinha significado positivo, aparecendo nas mãos do menino Jesus e de sua mãe Maria, em uma clara referência à absolvição do pecado e ao retorno ao direito à vida eterna. Para os povos de religião judaica, as maçãs com mel marcam o início da ceia do ano novo judaico, representando o desejo por um ano bom e doce.

Mais detalhadamente, na tradição *ashkenazi*, dos judeus da Europa central, a maçã é o primeiro alimento a ser apreciado após a bênção do vinho e da partilha do *chalá*, o pão redondo de massa doce e macia. Não podemos deixar de citar a simbologia da maçã nos contos de fada, cuja história mais famosa que envolve uma maçã é a de Branca de Neve, que morde uma maçã enfeitiçada pela bruxa. Diversas são as interpretações desse conto, mas o fato é que, desde as tradições mais antigas, a fruta está presente no imaginário humano.

Adão, Eva e a maçã

Uma forte referência simbólica à maçã está relacionada à Bíblia, no livro do Gênesis, na história de Adão e Eva. Na história, Eva, seduzida pela serpente, prova do fruto da árvore do conhecimento do bem e do mal, que estava no centro Jardim do Éden, desobedecendo a Deus, que havia ordenado que ambos poderiam comer os frutos de todas as árvores, exceto daquela. Após provar, oferece a Adão, que também come o fruto. Quando Deus percebe o ocorrido, expulsa ambos do Jardim do Éden, que passam então a sentir vergonha e a cobrir seus corpos nus. A sabedoria representada pela árvore também provém do sofrimento. Deus disse a Adão e Eva que se comessem da árvore do conhecimento do bem e do mal iriam morrer (Gênesis 2, 16-17), o que significava que, ao adquirirem a capacidade de discernimento, os humanos passariam a ter uma vida de atribulações. Assim, Adão e Eva comeram do fruto proibido e adquiriram o livre-arbítrio por seus atos, mas perderam a imortalidade e foram expulsos do Éden, passando a enfrentar vários tormentos, como a necessidade do trabalho para a obtenção do seu sustento "com o suor do rosto" e as dores enfrentadas pela mulher no parto (Gênesis 3, 16-19).

Não há referência direta no texto bíblico de que o fruto da árvore do bem e do mal seja propriamente uma maçã, mas alguns contextos explicam a ligação. A serpente é um símbolo cristão ligado ao mal, que estendeu sua simbologia ao fruto. As línguas europeias e também as indoeuropeias usam uma palavra com a raiz *ap, ab, af,* ou *av* para maçãs ou macieira: *aballo* (céltica), *apple* (inglês), *apfel* (germânico), *abhal* (irlandês), *afal* (galês), *iablokaa* (russo) e *jablko* (polonês). Com relação a *pomme*, o termo francês vem do latim *pomum*, que se referia originalmente a todas as frutas etimologicamente. Em latim, as palavras mal e maçã, *malum*, são escritas da mesma forma, sendo originárias do grego *mélon*. Talvez aí resida a ligação de mal e maçã. Erros de tradução são comuns em documentos históricos e infelizmente podem mudar o sentido de determinados fatos, e talvez esse seja um dos casos. Existe uma história similar de um Gênesis sumério, em que a árvore não existe, apenas a serpente.

Durante o período medieval, outras frutas também foram associadas ao pecado original, como a uva e o figo. A figueira na Grécia era consagrada à Atena e seus frutos sagrados não podiam ser exportados. Em Roma, o figo possuía um sentido erótico e era associado a Príapo. Na Bíblia, após comerem o fruto proibido, Adão e Eva descobriram que estavam nus e cobriram-se com folhas de figueira. O figo está relacionado ao fígado, principal órgão dos sentidos para os gregos, sendo a figueira usualmente considerada local de contemplação. Por isso, ao transgredir o decreto dos deuses e fornecer o fogo aos homens, Prometeu foi condenado a ter seu fígado eternamente comido pela águia (animal ligado aos deuses), podendo-se estabelecer um paralelo entre a transgressão de Adão na cultura judaico-cristã e a de Prometeu na greco-romana, pois ambos teriam simbolicamente roubado a sabedoria do mundo divino. O figo também aparecia em representações de bacanais, e o seu interior assemelha-se ao órgão sexual feminino. A uva era outra fruta associada à transgressão de Adão e Eva, relacionando-se à fertilidade e ao sacrifício. Seu significado está ligado ao sangue e, por isso, à Paixão de Cristo. Para os medievais, a ato de comer era sagrado e, indiretamente, ao beber o vinho e comer a hóstia, comiam Deus para redimi-los do pecado. A partir do século XIII, a maçã passou a ocupar o principal lugar como fruto proibido. A uva era uma fruta em grande abundância em várias regiões europeias e daí a substituição pela maçã por motivos econômicos. Um exemplo da relevância da vinha é sua constante representação nos calendários, associada às atividades agrícolas, estampada nos meses de abril (poda da vinha), setembro (colheita) e outubro (preparação do vinho).

O pomo da discórdia e a mitologia grega

Na mitologia grega, a maçã tem diversos significados, um dos mais conhecidos é ser o "pomo da discórdia", segundo a história da Guerra de Troia. Conta-se que havia uma festa no Olimpo, e Éris, a deusa da discórdia, naturalmente não tinha sido convidada, e resolveu acabar com a alegria reinante. Entregou anonimamente aos deuses uma linda maçã, toda de ouro, com a inscrição "*Para a mais bela*". As três deusas mais poderosas, Hera, Afrodite e Atena, imediatamente se colocaram a disputar o troféu. Nenhum dos deuses quis ser o juiz da confusão, inclusive Zeus, que resolveu se livrar do espinhoso fardo e passá-lo à Páris, um mortal, que era filho do rei de Troia, Príamo. Na época, Páris trabalhava como pastor e vivia feliz ao lado de uma ninfa adorável chamada Enone. Vivia no campo, pois seu pai, anos antes, recebera um alerta vindo do Oráculo de Apolo sobre Páris ser uma iminente ameaça à estabilidade de Troia. Assim estavam as coisas até surgirem diante de Páris as três deusas em suas formas mais reluzentes e magníficas. Todas tentaram persuadi-lo com oportunidades infinitamente gloriosas. Em troca da maçã de ouro, Atena ofereceu a Páris a chefia de uma histórica e vitoriosa guerra. Já Hera ofereceu a ele a glória de ser o rei absoluto de toda a Europa e Ásia. E Afrodite, por sua vez, garantiu a ele o amor da mais bela mulher do mundo. Páris então, confuso em meio a tantas maravilhas oferecidas a si, concedeu o título a Afrodite. E a deusa, ignorando solenemente a presença de Enone, realizou o desejo do jovem. A deusa sabia exatamente onde se encontrava a mais bela mulher do mundo: era Helena, casada com o rei de Esparta, Menelau. Auxiliados por Afrodite, Helena e Páris fugiram para Troia. Assim que soube da traição, Menelau, enfurecido, foi pedir auxílio ao seu inescrupuloso irmão, o rei Agamenon, para junto com ele persuadir todos os grandes generais e reis da Grécia numa marcha colossal contra os troianos, inclusive o rei da província de Ítaca, Odisseu, arquiteto do plano com o Cavalo de Troia. Agamenon viu no infortúnio do irmão a oportunidade perfeita para conquistar Troia, até então conhecida como impenetrável. E foi a partir desse momento que começava a mundialmente conhecida Guerra de Troia. A famosa maçã passou a ser conhecida como "o pomo da discórdia", que hoje indica qualquer coisa que leve as pessoas a brigar entre si.

Também na mitologia grega, o pomo ou maçã pode significar um atributo dos deuses como as maçãs de ouro do Jardim das Hespérides, originalmente um reino do além guardado por um dragão. As maçãs simbolizam a imortalidade e tinham sido presentes de casamento recebidos por Zeus e Hera. Mesmo quando Hércules conseguiu pegar alguns pomos como parte de seus doze trabalhos, eles foram devolvidos ao jardim dos deuses por representarem um atributo deles. A maçã de ouro também foi um elemento positivo para garantir a união entre Hipômenes e Atalanta. O jovem jogou três frutos durante uma disputa com Atalanta; se vencesse a corrida, ele se casaria com ela; se perdesse, seria morto. Graças aos pomos dourados, que distraíram a atenção da moça, o jovem venceu a donzela e as bodas se realizaram.

Maçã e mitologia germânica

Para os povos germânicos, a maçã também significa a imortalidade, representada pela deusa *Idun*, a rejuvenescedora. Ela guardava uma maçã numa taça e, quando os deuses ficavam velhos, mordiam a maçã e encontravam a juventude. Numa ocasião, porém, a deusa e seus pomos de ouro foram raptados por um gigante, o que deu início ao envelhecimento dos deuses do *Asgard*. Com o resgate de *Idun* pelo deus *Loki*, todos readquiriram a juventude.

Os celtas e a maçã

Entre as populações de origem céltica, a maçã representa o conhecimento, a revelação e a magia. Existem vários relatos referentes às viagens célticas ao além, os *imrama*, nos quais um herói é atraído por uma fada, que lhe entrega um ramo de macieira e o convida para ir para o *outro mundo*, como em *A Viagem de Bran*, filho de Febal. Num outro *imrama*, *A Viagem de Maelduin*, que trata da busca do herói pelos assassinos de seu pai, ele passa por uma ilha onde encontra uma macieira e dela corta um ramo com três maçãs. Esses frutos são capazes de saciar sua fome e a de seus companheiros por 40 dias sem ingestão de qualquer outro alimento. Numa outra narrativa céltica, *Condle*, filho de *Conn*, herói das cem batalhas, também é alimentado por maçãs que nunca diminuem sua quantidade. Na mitologia desses povos, a maçã está ligada a um espaço específico: a *Ilha dos Bem-Aventurados*, local de abundância e imortalidade. Mais tarde, Isidoro de Sevilha deu maiores descrições dessas regiões, ressalvando, no entanto, que não correspondiam ao paraíso terrestre, o qual, de acordo com a concepção cristã, localizava-se em algum lugar da terra no Oriente, sendo inacessível aos humanos. Na baixa Idade Média, o conceito de *ilha afortunada* de Isidoro fundiu-se com a noção da *ilha céltica de Avalon*. Assim como a árvore, a ilha tem o significado de centro e sua forma circular representa a perfeição. Sua localização isolada e de difícil acesso garante que só os escolhidos podem alcançá-la após uma viagem iniciática, na qual passam por outras ilhas e enfrentam perigos até chegar ao seu destino. Existe uma analogia entre a *Terra das Fadas*, os reinos utópicos, e o Éden bíblico. Todos esses locais são caracterizados pela abundância, fertilidade e inexistência do trabalho humano. Avalon, a Ilha das Maçãs (*Insula Pomorum*) era, de acordo com as descrições da *Vita Merlini*, de Geoffroy de Monmouth, do século XII, uma ilha tão abundante que em vez de grama o chão era coberto por frutos. Lá, teria sido forjada a espada *Caliburn* ou *Excalibur*, com a qual o rei Arthur lutou, e onde vivia Nimue, Morgana e Viviane, que ficaram conhecidos pelas histórias da Távola Redonda. Em toda a mitologia céltica, as maçãs eram os frutos associados ao *outro mundo*, à sabedoria e imortalidade.

Isaac Newton e a maçã

É contada como fábula a famosa história em que o cientista físico inglês Isaac Newton estava sentado sob uma macieira e que uma maçã haveria caído em sua cabeça e, ato contínuo, ele teria tido a ideia da teoria da gravitação universal. Isso passa a impressão de que Newton era "desligado" ou esquisito, mas a verdade é que a tal maçã existiu, mas a história era um pouco diferente. Newton estava lendo, tranquilamente, sentado em um banco do jardim de sua casa de campo. Já havia certo tempo que as ditas "leis de Kepler" incomodavam o jovem gênio inglês pois, sendo empíricas, demandavam uma explicação cósmica, isto é, era necessário criar uma nova teoria para explicar o observado por Kepler e por seu mestre Tycho Brache, astrônomo e astrólogo da corte. Naquele momento, Newton iniciou uma linha de raciocínio que iria mudar o mundo. Ele se pôs a elaborar uma experiência imaginária, à qual se seguiu o *insight* que viria ser a base da teoria da gravitação. Newton se perguntou: "Seria a força que faz a maçã cair a mesma que mantém a lua gravitando em torno da Terra?" Para elaborar essa pergunta Newton já tinha enunciado, para si, as leis de Newton para a mecânica.

Nova York, a Big Apple

Big Apple, ou "grande maçã", é um dos mais famosos apelidos da cidade de Nova York. Sua origem é curiosa. No final dos anos 1920 e início dos anos 1930, os músicos de New Orleans de jazz começaram a se referir a Nova York como "*The Big Apple*", já que era seu lugar preferido para se apresentar. A expressão baseava-se em um ditado antigo do *show business que* dizia: "*There are many apples on the tree, but only one big apple*" (Há muitas maçãs em uma árvore, mas somente uma grande maçã). Os jóqueis e treinadores de cavalos de New Orleans, que aspiravam a participar das corridas de Nova York, referiam-se à cidade de Nova York também como *Big Apple*. Um escritor do *New York Morning Telegraph*, John Fitzgerald, certamente ouvindo essa expressão, começou a dizer que as corridas de cavalo da cidade ocorriam "*around the big apple*" ("em torno da grande maçã"), em referência aos prêmios concedidos nas corridas (como eram corridas importantes, os prêmios eram substanciais), designados como "*apples*", e também talvez ao formato das pistas de corrida. Em 1971, uma campanha para aumentar o turismo em Nova York adotou "*The Big Apple*" como uma expressão oficial para a cidade. A campanha mostrava maçãs vermelhas num esforço de atrair visitantes para Nova York, na esperança de que as maçãs servissem como um símbolo brilhante e saudável para a cidade, em contraste com a crença comum de que ela era escura e perigosa. Desde então, Nova York tem sido oficialmente a "*Big Apple*".

O semeador americano

Nos Estados Unidos também, a mais famosa menção à maçã na cultura popular é Johnny Appleseed (algo como o semeador de maçãs, em tradução livre). Ele foi um excêntrico que nasceu John Chapmen, em Massachusetts, e viajou durante 40 anos pelos Estados de Illinois, Iowa e Ohio, dando pequenas bolsas cheias de sementes de maçãs para qualquer um que ele encontrasse e que estivesse viajando para o oeste. Ele era um homem devoto, que considerava seu dever ajudar a espalhar a mensagem do Senhor, e que acreditava apaixonadamente que se a América estivesse repleta de macieiras, nenhum homem, mulher ou criança passaria fome na vida.

A maçã de Guilherme Tell

A fundação da Suíça em 1291 como uma confederação independente é geralmente atribuída a uma maçã, ou melhor, à lenda de Guilherme Tell, que foi forçado, como castigo de morte, a acertar com sua besta, de uma longa distância, uma maçã colocada na cabeça de seu filho. Os cantões suíços haviam sido invadidos pelas tropas austríacas e forçaram os suíços a jurar aliança com a coroa dos Habsburgos, algo que Guilherme Tell recusava-se a fazer. Depois de acertar a maçã, e não seu filho, sua fama espalhou-se pelo país e resultou da união dos suíços para expulsar os austríacos. O povo tem orgulho de seu herói Guilherme Tell, mas infelizmente não há provas reais de ele que tenha de fato existido.

Os ingleses e a maçã curativa

No século XV, a primeira edição do dicionário da língua inglesa trazia o verbete "maçã" com a explicação de que era considerada não apenas uma fruta para ser comida, mas uma fruta medicinal, capaz de ajudar na cura de diversas doenças, em uma "cura doce". William Shakespeare, o famoso bardo inglês, também menciona a maçã em diversas obras suas.

A maçã, os computadores e os Beatles

Por volta de 1976, nos Estados Unidos, uma dupla de Steves, saídos da adolescência e curiosos pela eletrônica que florescia, Steve Jobs e Steve Wozniak, montaram numa garagem um computador ao qual deram o nome de Apple I. Apple ficou também sendo o nome da empresa que eles fundariam, e que se tornaria uma das referências em excelência da tecnologia da informação. O motivo do nome? Diz-se que a maçã era a fruta favorita de Steve Jobs, que também havia trabalhado em um pomar de maçãs. No momento de escolha do nome, eles procuraram escolher algo que ficasse distante de nomes que refletiam ideias de computadores como algo "frio, inacessível e com imagens complicadas", como faziam muitas empresas de informática naquele período. Mcintosh, o nome de um dos produtos mais populares da Apple, um computador desenvolvido em 1984 por Steve Jobs, é o nome de uma variedade de maçã muito popular, como já foi dito.

Antes da Apple Computers de Jobs e Wozniak, o nome Apple já tinha sido adotado por outra empresa: a Apple Corps, detentora do selo discográfico fundado em 1968 pelo grupo de rock britânico The Beatles, e que servia como selo dos trabalhos do conjunto e de alguns outros artistas. Havia um acordo entre as empresas, de que a Apple Computers utilizaria sem problemas seu logotipo de maçã (igual à Apple Corps.), desde que não atuasse no negócio de músicas. Porém, com o lançamento do I-Pod e do I-Tunes, sistemas de enorme sucesso na reprodução de músicas, pela Apple Computers, a Apple Corps, que pertence atualmente a Paul McCartney, Ringo Starr, Yoko Ono (viúva de John Lennon) e à fundação George Harrison, decidiu processar a companhia de computadores, alegando que violou o acordo ao lançar o aparelho. O selo Apple Corps, criado pelos Beatles, entretanto, perdeu a batalha judicial em um tribunal de Londres em 2006 contra a Apple Computers, pois o juiz do caso julgou que esta última não viola o acordo porque se limita a transmitir dados.

CAPÍTULO IV

PRODUÇÃO NO BRASIL E NO MUNDO

A maçã é, talvez, a fruta que engloba a maior quantidade de variedades conhecidas: estima-se algo entre 5 e 20 mil. Dessas, de 3 a 4 mil são cultivadas, em maior ou menor escala, em diferentes partes do mundo. O certo o cultivo da maçã vem crescendo a cada dia que passa, com o aprimoramento e com o desenvolvimento de novas variedades em estações experimentais. As diferentes espécies encontram-se em climas temperados e subtropicais, já que macieiras não florescem em áreas tropicais, pois necessitam de um número importante de horas de frio, que é variável em função da variedade cultivada. Muitos são os países produtores, e dentre os principais podemos citar China, Estados Unidos, Alemanha, Itália, Espanha, Polônia, França, Irã, Rússia, Índia, Brasil, Bélgica, Países Baixos e Áustria. A facilidade de adaptação desse vegetal a diferentes climas e solos, o valor nutritivo de seus frutos e a resistência a temperatura mais baixas permitem seu cultivo em grande escala em países e regiões de clima relativamente frio. Apesar da infinidade de variedades, o mercado limita-se a algumas dezenas.

As macieiras acomodam-se em muitos solos, mas preferem os sílico-argilosos, profundos, suficientemente providos de húmus, que são os mais férteis e com subsolo permeável, mas devem estar em pH de 5,8 a 6. O solo deve ser são, livre de cupins, formigueiros e pragas, e o plantio deve ser realizado no período do inverno, que, no caso do Brasil, compreende os meses de junho a agosto. Os frutos devem ser colhidos quando completarem seu desenvolvimento normal, observando-se o momento certo da maturação conforme a coloração da fruta, por seu tamanho, perfume e também pela facilidade com que se desprende da haste. No ato da colheita, que é feita manualmente, deve-se preservar o pedúnculo. A armazenagem é feita em caixas com no máximo três níveis, para evitar que amassem com o peso das demais.

Basicamente, as maçãs podem ser de três tipos: de mesa, de cozinhar ou próprias à fabricação da sidra ou do vinagre. Apesar das inúmeras variedades de maçãs existentes, uma mesma árvore pode fornecer frutos com diferentes aproveitamentos, de acordo com sua classificação. Assim, após passarem por uma primeira seleção, as maçãs cuja forma, cor, tamanho e aparência da casca apresentem melhor aspecto comercial, são embaladas cuidadosamente para o consumo *in natura*, e as frutas com algum dano de qualidade ou fora das especificações são destinadas ao fabrico de subprodutos, tais como: suco, sidra, vinagre, álcool, geleias, compotas, doces, etc.

Os dez maiores produtores de maçãs em 2008

País produtor	Toneladas
China	27.507.000
Estados Unidos	4.237.730
Irã	2.660.000
Turquia	2.266.437
Rússia	2.211.000
Itália	2.072.500
Índia	2.001.400
França	1.800.000
Chile	1.390.000
Argentina	1.300.000
Total mundial	**64.255.520**

Fonte: FAO - Food And Agriculture Organization Of The United Nations

Produção brasileira

Desde a metade dos anos 1970, o Brasil transformou-se em um grande produtor de maçãs, existindo, inclusive, inúmeras variedades da fruta desenvolvidas no próprio país, como a Rainha, a Soberana e a Brasil. Destaca-se, nesse sentido, o trabalho de seleção e de adaptação de variedades conduzido pelo Instituto Agronômico de Campinas, que gerou cultivares capazes de produzir satisfatoriamente em condições de inverno pouco frio. São também bastante cultivadas as variedades Gala da Nova Zelândia, Golden do Canadá e dos Estados Unidos, Anna de Israel e Fuji do Japão. Muito bem adaptadas aos climas regionais, as maçãs encontradas nos mercados brasileiros provêm, especialmente, do sul e do sudeste do país, onde os Estados de Santa Catarina, Rio Grande do Sul, São Paulo e Paraná são responsáveis pela quase totalidade do volume produzido. As maçãs brasileiras chegam, atualmente, a ultrapassar, em qualidade e preferência do consumidor brasileiro, os produtos de reputação tradicional, como as famosas maçãs argentinas.

No Brasil, os programas de melhoramento genético vêm criando cultivares com menor exigência de frio e resistentes a doenças, destacando-se a Imperatriz, Daiane, Baronesa, Catarina e Joaquina, as últimas duas resistentes à sarna, importante doença fúngica que ataca folhas e frutos das macieiras. Para início do pomar é imprescindível o plantio de mudas enxertadas e sadias, em porta-enxertos clonais ou de sementes da própria macieira. Por se tratar de cultura perene e de polinização cruzada, geralmente se associa, no plantio, variedades de polinização cruzada. A produtividade média da maçã no Brasil varia de 15 a 30 toneladas por hectare, de frutos em pomares adultos e conduzidos dentro das modernas técnicas. Essa variação ocorre em função do espaçamento, do cultivar e do manejo.

A capacidade brasileira de armazenamento de maçãs é de cerca de 512 mil toneladas, cerca de 60% da produção nacional, e boa parte dessa capacidade está instalada em Santa Catarina. Sem o armazenamento, o produtor é obrigado a vender sua produção em um período muito curto de tempo, ficando sujeito à pressão para preços baixos. O mercado consumidor é altamente exigente tanto em preço quanto em qualidade das frutas, o que demanda um beneficiamento capaz de selecionar criteriosamente as frutas com potencial de mercado *in natura*, com bases em infestações de doenças e em defeitos físicos, o que tem levado nos últimos anos a um descarte em torno de 30% da produção nacional. Esse descarte é normalmente direcionado à industrialização, e o percentual de industrialização no país tende a aumentar, pela demanda crescente no mercado interno pelo suco pronto para consumo.

O plantio da maçã modificou, e continua modificando, a economia das diversas regiões em que se localiza. O Estado do Rio Grande do Sul é um exemplo disso, já que no município de Vacaria, a principal atividade econômica tornou-se o cultivo da maçã, o que levou a cidade e as localidades vizinhas a possuírem um desenvolvimento técnico, econômico e social de destaque, inclusive com uma significante reversão de migração da mão de obra, em virtude dos empregos oferecidos no campo. Assim como a ABPM (Associação Brasileira Produtores de Maçã), a AGAPOMI (Associação Gaúcha dos Produtores de Maçã) apresenta dados estatísticos muito interessantes sobre a maçã cultivada no Estado. Foi a fruta com maior participação na balança comercial brasileira no 1º semestre de 2007. As variedades com maior volume de produção são a Gala, com aproximados 61%, seguida da Fuji, com aproximados 33%; as outras variedades ficam com aproximados 6% do total colhido. Disso, aproximadamente 13,2% da produção total (112.070 toneladas) foi destinada à exportação, quase que exclusivamente para países europeus. Vale ressaltar que a safra da colheita de maçãs nos municípios compreendidos pela AGAPOMI foi, no ano de 2007, de 848.280 toneladas.

Exportação de maçãs brasileiras em 2007

Destino	Participação (%)
Holanda	44,91
Portugal	11,80
Inglaterra	8,68
França	8,43
Itália	7,61
Bélgica	3,48
Irlanda	3,17
Dinamarca	3,00
Alemanha	2,73
Espanha	1,41

Fonte: AGAPOMI

Exportadores de maçãs em 2007

Porto de Origem	Participação (%)
Itajaí (SC)	44,80
Rio Grande (RS)	33,12
Paranaguá (PR)	15,38
São Francisco do Sul (RS)	6,70

Fonte: SECEX – Ministério do Desenvolvimento, Indústria e Comércio Exterior

Os números apresentados não negam o sucesso alcançado e o reconhecimento ocorre em diversos segmentos da fruticultura brasileira, indo do âmbito governamental, que reconhece a importância econômica (receitas, impostos e empregos) quanto pela sociedade, que consome maçãs em grandes quantidades. Se a produção e as vendas de maçãs são um sucesso inegável, é preciso ter claro que isso ocorre também pelo fato de que o produto está disponível no mercado praticamente o ano inteiro, sem interrupções de fornecimento. Isso ocorre por que o produtor está atento sobre a capacidade de armazenamento dos frutos na região em que produz.

CAPÍTULO V

PROPRIEDADES NUTRICIONAIS E NUTRACÊUTICAS DA MAÇÃ

Uma alimentação considerada saudável é uma alimentação equilibrada, colorida, rica em antioxidantes, fibras e sempre com o consumo de alimentos funcionais. Consideram-se alimentos funcionais todos aqueles que apresentem um impacto positivo na saúde, ou seja, qualquer alimento que tenha ação preventiva em relação à alguma doença. São alimentos funcionais os que contêm antioxidantes, microorganismos probióticos e/ou outros componentes bioativos capazes de auxiliar na redução de risco de enfermidades crônicas não transmissíveis, além, é claro, de seu alto valor nutritivo. Antioxidantes são substâncias que se opõem à ação dos radicais livres no organismo. As mais importantes são as vitaminas A, C e D, o ácido fólico, os polifenóis, os taninos e algumas enzimas. Radicais livres são moléculas instáveis e reativas, que tendem a retirar elétrons de outras moléculas e que participam ativamente no processo de oxidação e envelhecimento celular. Probióticos são microorganismos que desempenham a ação de proteção intestinal.

Várias frutas e legumes são chamados de alimentos funcionais, pois, além de saciar a fome, mantêm o organismo em equilíbrio e previnem doenças. Alguns alimentos vêm sendo investigados quanto à presença de substâncias capazes de contribuir na prevenção de certas enfermidades, e entre eles destaca-se a maçã. Tecnicamente, pode-se afirmar que a maçã possui, em sua composição funcional, os conhecidos compostos fenólicos, que têm uma ação antioxidante que auxilia, entre vários outros aspectos, a redução do risco de doenças cardiovasculares. A maçã possui uma série de nutrientes benéficos ao nosso organismo e, para usufruir desse resultado preventivo, é recomendado, no mínimo, o consumo de uma maçã ou de um copo de suco de maçã integral (natural) por dia. Os pesticidas e outros químicos são usados comumente na produção e armazenagem das maçãs, e infelizmente isso se reflete no fruto, principalmente na casca. Por isso, antes de comer maçãs, lave-as bem em água corrente ou descasque-as mesmo, para evitar ingerir eventuais substâncias tóxicas. Logicamente, é recomendável consumir frutos de origem orgânica para evitar esse tipo de problemas.

A maçã é considerada uma escova de dente natural, e, embora não limpe propriamente os dentes, tem função importante no auxílio à higiene bucal, pois é considerada um alimento detergente, ou seja, é capaz de limpar a superfície dos dentes durante a mastigação. Morder e mastigar uma maçã estimula as gengivas e seu sabor aumenta a quantidade de saliva, diminuindo o número de bactérias na boca e evitando a cárie. No entanto, é bom salientar, isso não elimina a necessidade de uma boa escovação dental.

Composição nutricional

A ingestão de frutas está sempre relacionada a hábitos saudáveis de vida, e a maçã é rica em nutrientes essenciais para nosso organismo. Na maçã há fibras que atuam no sistema digestório, flavonoides que combatem os radicais livres responsáveis pelo envelhecimento precoce, vitaminas B1 e B2 que ajudam a regular o sistema nervoso, e outros nutrientes, que serão tratados a seguir.

A maçã é um dos frutos mais apreciados do mundo: além de 85% de água, contém 12% de açúcar, ácidos orgânicos, pectina, tanino, vitaminas B1, B2, PP, C, E e provitamina A. Seu agradável aroma é resultante de uma essência existente na casca. Refrescante pelo seu abundante suco, ligeiramente ácido, estimula as glândulas digestivas e protege a mucosa gástrica. É um excelente alimento complementar que favorece especialmente a assimilação do cálcio. A maçã, por suas reconhecidas propriedades antioxidantes, tem numerosas utilizações. Estudos com idosos em uma cidade do interior do Rio Grande do Sul indicaram que o consumo de vários produtos da maçã, entre eles o chá de maçã, feito de maçã seca, levou a um aumento da expectativa de vida dessa população, em relação à média da população do Brasil. Além de prevenir o colesterol, uma dieta com maçãs pode reduzir os riscos de doenças pulmonares, cardíacas, asma, diabetes e o desenvolvimento de câncer, além de ajudar a perder peso.

Composição nutricional da maçã
(em 100 gramas de maçã vermelha)

Nutriente	Participação
Calorias	65 cal
Água	85 a 90 g
Proteínas	0,2 a 0,45 g
Gorduras (total)	0,2 a 0,65 g
Ácidos graxos saturados	0,028 g
Ácidos graxos monoinsaturados	0,007 g
Ácidos graxos poli-insaturados	0,051 g
Colesterol	0 mg
Fitosteroides	12 mg
Carboidratos	13,2 g
Açúcares (total)	10,39 g
Sacarose	2,07 g

Glicose (dextrose)	2,43 g
Frutose	5,9 g
Lactose, maltose, galactose	0 g
Amido	0,05 g
Fibras	2,1 a 2,5 g
Cinzas	0,19 g
Sódio	11 mg
Potássio	100 a 150 mg
Ferro	0,26 a 1 mg
Cálcio	3,60 a 10,50 mg
Fósforo	7 a 17 mcg
Enxofre	7 mg
Magnésio	5 a 8 mcg
Silício	4 mg
Zinco	0,04 mg
Cobre	0,027 mg
Vitamina A (Retinol)	40 µI
Vitamina B1 (Tiamina)	15 a 60 mcg
Vitamina B2 (Riboflavina)	40 a 100 mcg
Vitamina B3 (Niacina)	0,5 a 1 mg
Vitamina B5 (Ácido pantotênico)	6,1 mcg
Vitamina B6	4,1 mcg
Vitamina B12	0 mg
Vitamina C (Ácido ascórbico)	4, 6 a 8 mg
Vitamina E (Tocoferol)	0,18 mg
Vitamina K	2,2 mcg
Folatos	3 mcg
Colina	3,4 mg
Betaína	0,1 mg
Triptofano	0,001 g
Treonina	0,006 g
Isoleucina	0,006 g
Leucina	0,013 g
lisina	0,012 g

Metionina	0,001 g
Cistina	0,001 g
Fenilalanina	0,006 g
Tirosina	0,001 g
Valina	0,012 g
Arginina	0,006 g
Histidina	0,005 g
Alanina	0,011 g
Ácido aspártico	0,070 g
Ácido glutâmico	0,025 g
Glicina	0,009 g
Prolina	0,006 g
Serina	0,010 g

Propriedades nutracêuticas

A maçã é uma fruta que apresenta muitas propriedades benéficas à saúde. Além de ser muito saborosa, colabora com o crescimento, evita problemas de pele, distúrbios e alergias respiratórias, queda de cabelos e atua com suas fibras, entre as quais a principal é a pectina, na regulação do aparelho digestório e na redução dos níveis de colesterol. É importante no fornecimento de fósforo, ferro, cálcio e potássio, mantendo o equilíbrio orgânico e eliminando toxinas.

Floretina e polifenóis

A maçã também ajuda em regimes de emagrecimento, pois, além de fornecer poucas calorias, possui um fitonutriente, a floretina, que ajuda a promover a saciedade e a controlar a fome, amenizando os ataques compulsivos que podem ocorrer quando se está fazendo um regime de restrição calórica. Também possui polifenóis, que são flavonoides que atuam como varredores de radicais livres do organismo, auxiliando na redução da gordura corporal, de acordo com recentes pesquisas realizadas no Japão. Diabéticos e obesos também podem se beneficiar com o uso da maçã, já que ela possui frutose (açúcar natural da fruta), que é absorvida lentamente pelo organismo, o que evita o aumento dos níveis glicêmicos.

Ácido fosfórico e éter

Existem muitas variedades de maçãs e todas proporcionam quantidades consideráveis de nutrientes que auxiliam no funcionamento do sistema digestório, no controle do colesterol, e na prevenção na formação de placas ateroscleróticas, na prevenção de alguns problemas respiratórios e alérgicos. Ela tem alto teor de ácido fosfórico, que ajuda no aprendizado e proporciona sono tranquilo. Como é de fácil digestão, ajuda a impedir a formação de cálculos e prevenir as infecções de garganta. Alguns estudos apontam a maçã e o suco da maçã como um "calmante" dos sintomas da asma, pela presença de fitoquímicos, que amenizam as inflamações respiratórias. O éter contido na maçã atua como potente sedativo do sistema nervoso e das fibras musculares. Segundo alguns estudos, é mais ativo que a valenciana, e por isso favorece o sono, acalma as dores e enxaquecas, assim como alivia as cólicas menstruais. Por conter bromo, a maçã é recomendável para ser ingerida à noite, proporcionando um sono tranquilo e restaurador.

Fenóis antioxidantes

Outros estudos apontam que a ingestão de pelo menos uma maçã por dia, ou um copo de seu suco, pode proteger o organismo de danos celulares causados pelos processos de estresse oxidativo, como a perda de memória, doença de Alzheimer e outras demências, por causa da presença de alto teor de antioxidantes. Portanto, a maçã pode ser considerada um antioxidante natural por suas propriedades protetoras das doenças cardiovasculares. A casca da maçã contém altas concentrações de antioxidantes especiais chamados fenóis. Além de os fenóis serem úteis na prevenção de várias doenças crônicas, parece que eles ajudam a proteger a pele contra a ação dos raios ultravioleta. As maçãs maduras apresentam maiores concentrações de atividade antioxidante e as com casca conservam mais essas propriedades que os sumos ou polpas.

Os pesquisadores descobriram que a vitamina C da maçã é responsável por uma pequena parte da atividade antioxidante. Quase toda essa atividade em maçãs advém dos fitoquímicos (flavonoides e polifenóis), encontrados na polpa e na casca destes frutos. Segundo um estudo de Rui Hai Liu, da Cornell University, dos EUA, "*É a combinação dos flavonoides e polifenóis que faz o trabalho*", e acrescenta: "*Consumir frutas e vegetais é melhor que ingerir pílulas de vitaminas. Pode-se obter antioxidantes suficientes dos alimentos sem se preocupar com a toxicidade. O que o estudo mostra é que a combinação de fitoquímicos desempenha um papel muito importante na ação anticâncer e antioxidante e que benefícios reais para a saúde podem ser obtidos a partir de uma combinação de fitoquímicos*".

Pectina e compostos fenólicos

Na questão das fibras, elas influem muito na redução do colesterol, pois ajudam a diminuir sua quantidade no intestino delgado na absorção dos lipídeos. Os compostos fenólicos, por sua vez, atuam na inibição da oxidação do colesterol LDL, o mau colesterol, e da agregação plaquetária, o que protege da aterosclerose. Também há o benefício da presença do alto teor de pectina, principalmente na casca, que entra no metabolismo do colesterol e auxilia na sua diminuição sanguínea. A pectina é a fibra solúvel da maçã e ela não é absorvida pelo intestino, o que faz com que retenha água e substâncias residuais e facilite a eliminação de toxinas juntamente com as fezes, dessa forma auxiliando a manter as taxas de colesterol em níveis aceitáveis. A pectina é uma das melhores fibras alimentares para o controle dos teores de colesterol sanguíneo.

Vitaminas do complexo B e quercetina

A polpa cozida é calmante, e seu suco fresco retarda o aparecimento de rugas, queda de cabelos e a flacidez da epiderme. Ingerida com a casca, oferece uma grande quantidade de fibras e sacia a fome. A maçã se constitui a qualquer hora e em qualquer lugar, em uma saborosa sobremesa, lanche ou ceia. As maçãs são ricas em vitaminas do complexo B e sais minerais, que são muito importantes para a atividade mental, fortalecendo os ossos, dentes e ajudando na formação dos elementos que compõem o sangue.

As vitaminas do complexo B têm ações gerais no organismo, regulando o aparelho digestório e o sistema nervoso, evitando alterações da pele e dos cabelos. A presença na maçã de grande quantidade de quercetina faz com que ela iniba a formação de coágulos, evitando as obstruções vasculares, como nos derrames. A quercetina é um poderoso flavonoide, conhecido por seu importante poder antioxidante, ou seja, age contra os radicais livres produzidos pelo organismo e ainda neutraliza a ação dos metais que também participam da produção de radicais livres, impedindo assim seus efeitos nocivos ao organismo.

Ácido elágico e octacosanol

Estudos indicam ainda possíveis ações da maçã na proteção do câncer, principalmente a casca, graças à sua composição em fitoquímicos (como compostos fenólicos) e o ácido elágico, que ajuda a prevenir e tem papel protetor na proliferação de células tumorais humanas e também por causa do alto teor de flavonoides (antioxidantes). Outra substância fitoquímica importante é o ácido octacosanol que ajuda a prevenir a doença de Parkinson. A maçã é também recomendada para os hipertensos, pois tem grande concentração de potássio (na polpa principalmente), que facilita na eliminação do sódio pelos rins, dando um discreto efeito diurético.

CAPÍTULO VI

BENEFÍCIOS DA MAÇÃ PARA A SAÚDE E BELEZA

Devemos nos lembrar do que dizia Hipócrates: "Faça do seu alimento seu medicamento". Alguns estudos sobre os efeitos e emprego da maçã em dietas revelam o uso, em clínica médica, principalmente infantil, como parte dos recursos naturais mais eficazes para a cura de determinadas enfermidades. O uso de maçãs cruas raladas de duas em duas horas para casos de disenteria e inflamações intestinais tem proporcionado uma melhora dos sintomas sem o uso de qualquer medicamento. A casca seca empregada para fazer chá é indicada para purificar o sangue e como diurético. O inchaço coloidal ao reter água produz maravilhosa cura, numa harmoniosa colaboração com as substâncias estéreis, os ácidos da fruta, o tanino e os minerais. A dieta de maçãs atua como uma esponja de grande capacidade de absorção, já que aumenta de tamanho (incha), absorvendo água e produtos intestinais tóxicos, evitando sua rápida absorção no intestino. O grande conteúdo em tanino da maçã atua como adstringente contra inflamações, além de agir também na limpeza do trato vocal, favorecendo uma voz com melhor ressonância. A seguir, um resumo dos benefícios da maçã para a saúde:

- Ajuda na digestão e modera o apetite
- Limpa o sangue e previne o derrame
- Reduz o colesterol por meio de suas fibras
- Atua contra a diarreia e reumatismo
- Previne alergias
- Melhora a respiração e infecções de garganta
- Retarda o processo de envelhecimento
- Previne o câncer digestivo
- Impede a formação de cálculos
- Excelente para o cérebro e para um sono tranquilo (ácido fosfórico)

Mas, é bom sempre lembrar, que só se consegue tudo isso aliando hábitos de vida saudáveis a uma alimentação equilibrada e ao consumo de uma maçã por dia.

Maçã e colesterol

A maçã contém um tipo de carboidrato complexo, a pectina, que forma as fibras das frutas e que, uma vez dissolvido em água, produz uma massa gelatinosa, viscosa, que absorve os ácidos biliares no tubo digestivo, diminuindo-os junto com as fezes. Assim, não havendo a reciclagem dos ácidos biliares no tubo digestivo, o organismo mobiliza o colesterol para formar novos ácidos biliares, indispensáveis no metabolismo das gorduras e do colesterol; consequentemente, diminui-se a taxa de colesterol sérico do organismo. A pectina torna a absorção de glicose menos eficiente na luz intestinal, fazendo com que o açúcar penetre no sangue mais lentamente, evitando dessa maneira que não ocorra aumento em pico da insulina. Esse processo evita a transformação do açúcar em gordura. Outra ação da pectina é a de evitar a formação de cálculos biliares, pois os ácidos biliares que normalmente retornam para o fígado estão saturados de colesterol, sendo, por isso, responsáveis pela formação de cálculos.

Maçã e o coração

A maçã age beneficamente sobre o coração de duas maneiras: pela presença de alto teor de potássio, indispensável na geração de energia para a atividade celular, nas contrações musculares e na transmissão de estímulos nervosos, já que ele é um elemento insubstituível na fisiologia do coração; e pela presença de pectina, que evita a deposição de gorduras na parede arterial, evitando a arteriosclerose. Com isso, melhora a circulação sanguínea, reduzindo o trabalho cardíaco, prolongando a vida útil do coração.

Maçã e emagrecimento

A pobreza da maçã em sal e proteínas favorece seu uso em patologias circulatórias, bem como em dietas de emagrecimento. O efeito emagrecedor da maçã estabelece-se em dois níveis: o primeiro pela ação já vista pela pectina, que dificulta a absorção das gorduras, da glicose e elimina o colesterol; o segundo é consequência do primeiro efeito, e o organismo é obrigado a gastar calorias de reserva, acumuladas sob a forma de gordura. O alto teor de potássio contido na polpa da maçã faz eliminar o sódio excedente e, consequentemente, o excesso de água retida no corpo. As fibras da maçã dão também uma sensação de saciedade, e, portanto, são um bom auxílio no controle de peso e obesidade.

Prevenção de diarreias e prisão de ventre

As fibras da maçã são também uma boa contribuição para a regularidade intestinal, uma vez que ajudam a nivelar a quantidade de água presente nas fezes, ajudando a atenuar problemas tanto de prisão de ventre quanto de diarreias. O ideal é consumir muitas frutas variadas ao longo do dia, algo como quatro porções, sendo pelo menos uma maçã, que pode ser ingerida com a casca, desde que bem lavada, pois é nela que se concentram a maioria dos nutrientes. A maçã, com seu poder adstringente (de absorver água), e pelo conteúdo de taninos atua contra a inflamação intestinal, como nos casos de disenteria infantil. Estudos sobre diarreia e disenteria infantil, com tratamento de dois dias com maçã crua ralada, com doses de 200 a 300 gramas, cinco vezes ao dia, mostraram a atuação surpreendentemente rápida em cessar as diarreias em diferentes tipos. Mantendo constantemente o consumo de maçãs, depois de dois dias já é possível introduzir uma alimentação usual. A perigosa prisão de ventre crônica (obstipação intestinal) pode ser tratada, segundo alguns estudos, mediante o consumo, três vezes ao dia, de sidra de maçã, antes das refeições, devendo-se seguramente a sua ação à influência que exerce sobre as colônias bacterianas do intestino. Outro benefício das fibras consiste na sua capacidade de captação de potenciais substâncias tóxicas (como metais pesados) que depois são eliminadas do corpo, com a ajuda da maçã, pelas fezes.

Problemas renais e circulatórios

O emprego de maçãs em inflamações renais, hidropisia, doenças do coração e dos vasos também provocou melhoras consideráveis, pois favoreceu os rins, o coração e o fígado. É um fruto depurativo (em virtude de conter ácido málico, um antiácido, que elimina detritos provenientes do metabolismo) e desintoxicante, e é especialmente indicada para diabetes, obesidade, acidez, diarreias, convalescências e favorece as secreções do aparelho digestório (a maçã é muito recomendadas para as inflamações desse aparelho), como também do respiratório, dos rins e do fígado. Esse fruto equilibra o ácido úrico, impedindo a formação de cálculos, e é especialmente indicado em todas as afecções ligadas à artrite, reumatismo, ciática, herpes, eczemas e litíases de todos os tipos, e nos próprios casos de cálculos renais, hepáticos e vesiculares, e em todas as afecções provenientes de intoxicação úrica.

Problemas respiratórios e digestivos

Graças ao seu conteúdo de ferro, a maçã fornece resultados especiais no tratamento de tuberculose, bronquite e asma. É também o mais apropriado fruto para doentes dos órgãos digestivos. Combate a acidez do estômago porque provoca abundante secreção salivar. É um desinfetante intestinal em razão do ácido málico que possui, pois ele neutraliza a ação dos germes patogênicos. A maçã é um "remédio" por excelência para a maioria dos males do aparelho digestório.

Auxiliar no tratamento de hemofílicos

O descobrimento da pectina na casca da maçã, que, introduzida na circulação sanguínea, tem a propriedade de acelerar o processo de coagulação, transformou-a num remédio de assombrosa eficácia para a hemofilia. Geralmente, nos hemofílicos, uma pequeníssima lesão pode provocar uma interminável hemorragia. Porém, com preparados de pectina, pode-se provocar a coagulação do sangue em poucos minutos. A pectina ajuda a combater o colesterol mas também auxilia o organismo a eliminar metais nocivos, como o chumbo e o mercúrio.

Benefícios do chá de maçã

A infusão de maçã exerce como bebida diária tem um efeito fortalecedor e tônico, que convém ser utilizado como reforço na gota, reumatismo, doenças de fígado e rins, hipertensão, transtornos cardíacos e erupção cutânea. Pelo seu conteúdo em fósforo, constitui a infusão de maçã um alimento natural para o sistema nervoso, especialmente em crianças, e como prevenção da fadiga mental, como já comentado acima. Além de sódio, potássio, magnésio, fósforo, enxofre e cloro, provou-se a presença do ácido salicílico e de alumínio. A isso juntam-se as combinações dos ácidos da fruta que condicionam, o seu grato perfume, e a pectina, que pode reter um grande volume de água.

Bem-estar e prazer

Como curiosidade, podemos afirmar que, por conter feniletilamina, também presente no chocolate, um dos mais simples neurotransmissores, que liberam as mesmas substâncias que o corpo produz durante o ato sexual, o ato de comer uma maçã traz prazer, literalmente. A maçã atingiu nos últimos tempos a sua plena consideração como meio insubstituível de cura, embora já fosse famosa em todos os tempos pelos seus efeitos curativos. Nas farmácias é utilizada na forma de xarope como corretivo do sabor de medicamentos desagradáveis. Por outro lado, a pectina, como substância amilácea, tem a maior importância na indústria de geleias e conservas. E não é só no ramo industrial, mas também na pastelaria, na confeitaria, nas indústrias lácteas e nas padarias, que a pectina desempenha um importante papel.

A maçã, a estética e a beleza

Cada vez mais, os tratamentos de beleza buscam o caminho da natureza, utilizando matérias-primas que não agridem a pele e o organismo. As frutas são fontes de vitaminas e minerais que ajudam a regular as funções do organismo, mantendo a pele saudável e bonita, sendo também muito utilizadas em tratamentos estéticos. Alguns estudos recentes apontam a maçã como um excelente produto de uso para tratamentos faciais, por sua ação antioxidante no rejuvenescimento dos tecidos, e também em cápsulas para emagrecimento. Várias empresas estão apostando no sucesso de seus produtos à base de maçã porque, além de proporcionarem os resultados esperados, são naturais e de fragrância muito agradável. São inúmeros os produtos já encontrados no mercado, como cremes, sabonetes, xampus e loções.

Uma das mais recentes aplicações da maçã é na área da estética. Alguns dermatologistas realizam *peeling* de maçã, por ser um tratamento que, além de esfoliar a pele, remove as células mortas e devolve o viço e a luminosidade ao rosto. Isso porque os extratos concentrados de maçã contêm vitamina E, que ajuda a suavizar e a hidratar a pele. Alguns pacientes relatam que a máscara vermelha com cheiro de maçã funciona também como um tranquilizante, proporcionando sensação de bem-estar, sendo, portanto, ótimo para depois de um dia estressante.

Muitas empresas fabricantes de cosméticos possuem em sua linha de cuidados faciais produtos que contêm extrato de maçã orgânica e vinagre de cidra orgânica. Sua fórmula traz os benefícios nutricionais da maçã, que possui ação antioxidante e é rica em vitaminas do complexo B. Já o vinagre de sidra orgânica, também presente na formulação, possui ação adstringente e consegue reduzir em até 28% o tamanho dos poros. Esses produtos atuam na descamação da pele e na perda da elasticidade, protegem das agressões do meio ambiente (poluição, cigarro, radiação solar e estresse) e de influências de fatores hormonais que ocasionam poros dilatados. O resultado é uma linha facial inovadora para proteção contra os primeiros sinais de envelhecimento.

CAPÍTULO VII

OS SUBPRODUTOS E OS DERIVADOS DA MAÇÃ

A partir da maçã, é possível obter uma série de subprodutos, que, cada vez mais, aparecem no mercado por causa do aumento da produção de maçãs no país. Cerca de 30% da produção nacional vão para descarte e são utilizados em escala industrial. Os frutos considerados em condições não satisfatórias para o consumo *in natura* são destinados às indústrias que, por processos de alta qualidade, originam os mais diversos tipos de derivados, entre eles, os mais conhecidos são a maçã seca, o suco, o vinagre, a sidra e as geleias.

Maçã seca

A maçã seca é o produto obtido pelo fracionamento em fatias ou cubos da maçã fresca, devidamente selecionada, e posteriormente desidratada. A maçã é o único ingrediente utilizado para a fabricação da maçã seca. Algumas características das frutas *in natura* devem ser observadas para se obter um produto de melhor qualidade, como, por exemplo, sua textura e acidez. Frutas mais firmes resultam em um produto mais crocante. A acidez influencia no escurecimento do produto, e, portanto, na aparência final da maçã seca. A desidratação preserva quase todas as características nutricionais da versão fresca, com a vantagem de durar mais tempo e de ser de fácil transporte, podendo ser utilizada em diversas receitas culinárias, acentuando seu sabor e seu teor de fibras. Algumas receitas simples e tradicionais, bem conhecidas, baseadas nas maçãs secas são o arroz doce, os *muffins*, as barras de cereais e os cereais matinais com maçãs secas e leite.

Valor nutricional da maçã seca
(Em 100 gramas)

Calorias	265 kcal
Água	20 a 1,13 oz
Proteínas	1,3 a 1,42 g
Gorduras	1 a 1,94 g
Carboidratos	61,1 g
Fibra Dietética	11,4 g
Minerais	1,46 g
Sódio	5 a 18 mg
Potássio	405 a 846 mg
Cálcio	19 a 50 mg
Ferro	1 a 1,4 mg
Fósforo	50 mg
Vitamina B1	0,1 mg
Vitamina B2	0,1 mg
Vitamina C	12 mg
Ácido málico	2,82 g

Fonte: Food Composition and Nutricion Tables

Suco de maçã

Na indústria processadora de maçã, o suco é considerado um dos principais subprodutos. Do resultado de sua extração surge o bagaço, chamado de descarte sólido, que é uma mistura principalmente de casca, polpa e semente. O suco de maçã consiste no extrato dessa massa ralada, beneficiada e concentrada, chamado também de mosto. Por definição, o mosto de maçã é o suco obtido da maçã fresca por meios físicos, enquanto não houver começado sua fermentação. Denomina-se natural o mosto de maçã que não foi objeto de tratamento. Chama-se de conservado o mosto de maçã cuja fermentação alcoólica foi evitada por tratamentos autorizados, com essa finalidade. Denomina-se concentrado o produto obtido por meio de desidratação parcial dos mostos de maçã, até que o grau de concentração impeça a fermentação espontânea. O rendimento médio nas indústrias que utilizam a prensagem na extração de suco é de 65% de suco e 35% de bagaço. Novas tecnologias permitem uma relação de 84% de suco e 16% de bagaço. No Brasil, o bagaço tem como principal destino o solo, como adubo orgânico, ou a utilização como ração animal. Uma série de estudos avalia seu aproveitamento na fabricação de álcool, bebidas alcoólicas, fibras para enriquecimento de alimentos e outros produtos. O suco é transportado e reconstituído tanto para exportação quanto para o mercado interno, e entra sutilmente no mercado competindo com as bebidas industrializadas não-alcoólicas, ficando em segundo lugar em consumo, perdendo apenas para as bebidas doces gaseificadas. O suco de maçã clarificado, no entanto, é líder no mercado europeu, principalmente nos países de língua germânica, onde estão os maiores produtores, importadores e

consumidores. O processo de clarificação do suco inclui o tratamento enzimático de despectinização, ou seja, a remoção das pectinas solúveis, para tornar o suco mais atrativo, eliminando-se a massa turva que fica e que é de fácil filtragem. No entanto, esse processo infelizmente elimina as fibras solúveis, ricas em probióticos, muito conhecidas por sua ação funcional.

Sidra

A sidra é a fermentação alcoólica total ou parcial do suco ou mosto de maçã gaseificado. É uma bebida muito utilizada nas regiões da Normandia e Bretanha, na França, e também na Espanha. No entanto, no mercado brasileiro, ainda é vista como uma bebida adocicada e frisante, de custo mais baixo que os demais espumantes e champanhes. A sidra, em termos de efervescência, é intermediária entre o vinho espumante e o frisante. Seu aroma lembra o da maçã cozida em compota, e no contato com a boca deixa uma leve acidez e amargor. Tem cor amarelo-âmbar de média intensidade, é pouco alcoólica, ficando entre 4% a 8% do volume, e deve ser servida entre 8 e 10°C. O sabor adocicado é proveniente da adição de açúcares durante o processo, porém não pode ser superior ao existente na fruta utilizada. É chama de seca a sidra que contém menos de 30 gramas de açúcares por litro, de semi-seca ou semi-doce a que tem entre 30 a 50 gramas de açúcares por litro de bebida, e de doce quando contém mais de 50 gramas por litro, até o seu limite máximo de 80. Sidra natural é a sidra elaborada conforme as práticas tradicionais, sem adição de açúcares, que contém gás carbônico de origem exclusivamente endógena. Sua graduação alcoólica adquirida será superior a 4,5 graus.

Para se fabricar a sidra, seguem-se dois processos. Maçãs bem maduras, doces e ácidas, mas em perfeito estado de conservação, são prensadas de modo a extrair a maior quantidade possível de sumo, que é recolhido em recipiente. Junta-se à massa restante uma porção de água pura para extrair a última quantidade de sumo. Segundo a estação ou força do mosto, a fermentação é mais ou menos demorada, e decorre geralmente como a do vinho, devendo-se conservar os recipientes pouco tampados, quando do início da fermentação, e à medida que ela vai se realizando e o líquido vai diminuindo, vai-se tampando. Há outro processo de fabricação que consiste em cortar maçãs em rodelas, secá-las em forno e colocá-las num barril que tenha sido utilizado para fabricar vinho, considerando-se que quanto maior a quantidade de maçãs, menor será a porção da água acrescentada (e melhor a sidra). Enche-se o barril até 75% de sua capacidade, adicionando-se à mistura do sumo e da água uma porção de 2 litros de melaço. Coloca-se o barril ao sol, se for no verão, e em local quente, caso seja inverno. Logo que a fermentação comece a acentuar-se, não se deixa chegar ao estado ácido. Enche-se o barril com água nova, tampando-o bem, podendo-se retirar e engarrafar a sidra depois de 30 dias. Para fazer sidra gaseificada ou champanhe, faz-se uma segunda fermentação, adicionando-se açúcar e guardando em barril, o que provocará a fermentação alcoólica e a liberação de gás carbônico.

Manzanada

Manzanada é uma bebida resultante da fermentação alcoólica parcial da maçã fresca ou de seu mosto, sem adição de açúcares. Sua graduação alcoólica adquirida é inferior a 2,5 graus e sua graduação alcoólica total é superior a 5 graus.

Calvados

Calvados é uma região da Normandia, região litorânea a noroeste da França, e é também o nome de um famoso destilado alcoólico, extremamente fino, produzido com a sidra, suco fermentado das maçãs, preferencialmente as agridoces, do tipo mais ácido, ricas em taninos. Há quem diga que é um conhaque à base da maçã. Em alguns casos, também é produzido com peras. Segundo dados históricos, já era produzido desde o século XVI. Esse nome deriva de El Salvador, navio pertencente a uma frota da armada espanhola, carregado de *brandy* de sidra, que encalhou ou naufragou em 1558 na costa da Normandia. Rapidamente, a saborosa aguardente encantou e cativou os moradores daquelas terras. Entretanto, como eles não sabiam pronunciar corretamente o nome da embarcação, El Salvador, por deformação fonética chamaram de "*calvadós*", que logo se tornou uma bebida regional. Somente em 1790 o nome Calvados foi oficializado, e em 1942, tornou-se uma região demarcada.

Geleias

No preparo de geleias, o processo de geleificação é obtido pela composição do açúcar, pectina e do ácido contido nas frutas. É o equilíbrio dessas substâncias que garante a consistência ideal para se obter as geleias. É importante verificar o teor de pectina e acidez, pois variam de uma fruta para outra. Quanto maior o teor de acidez e a presença marcante de pectina, melhor ficará a consistência da geleia. No caso das maçãs, elas possuem um alto teor de pectina e por isso são muito utilizadas para fazer geleias e doces.

CAPÍTULO VIII

O VINAGRE DE MAÇÃ

O vinagre de maçã é um dos derivados da maçã, como os expostos no capítulo anterior, mas, por sua importância e peculiaridade, merece um capítulo exclusivo. O vinagre de maçã é um tipo de vinagre muito saudável e de propriedades características, que vem ajudando as pessoas a viverem de uma maneira mais saudável. O vinagre de maçã natural é repleto de substâncias "vivas", não tem conservantes, essências ou corantes, não é pasteurizado ou esterilizado, e por isso muito nutritivo e um poderoso coadjuvante nos processos fisiológicos e bioquímicos do corpo. É, talvez, a mais poderosa fonte de ácidos orgânicos naturais, enzimas e complexos multivitamínicos benéficos ao homem. O uso moderno do vinagre não está restrito a ser tempero de alimentos, mas estende-se à saúde e até à cosmética.

História

A palavra vinagre deriva das palavras em latim *vinum* (vinho) e *acrem* (acre) e a origem é muito antiga. Por meio de seu significado, pode-se arriscar dizer que deve ter surgido na mesma época que o vinho, justamente a partir de um vinho "azedo". Nos tempos antigos, o vinagre era utilizado como meio de conservar os alimentos, como carnes, peixes e legumes, além de sua utilização como tempero. Dessa maneira, os alimentos podiam ser transportados por longas distâncias com menos risco de estragar. Na Roma antiga, por exemplo, as famosas legiões romanas sempre tomavam o cuidado de transportar o vinagre em odres, pois sabiam da importância da dieta ácida, que tornava os soldados fortes, resistentes, e imunes aos ataques das doenças e fadiga. Hipócrates, o pai da medicina, recomendava doses de vinagre de maçã para manter a plenitude física, evitar doenças e rejuvenescer o corpo. Havia citações correntes na época em Roma, que se referiam aos "homens bebedores de vinagre", que eram imunes às doenças e pareciam não envelhecer. Na China, também era comum o uso do vinagre.

Produção

O vinagre de maçã é produzido a partir das frutas que não foram selecionadas para venda direta para consumo *in natura*, mas também pode ser produzido a partir da sidra antes que ela tenha sofrido fermentação, mas preservando a acidez desejada para o vinagre. A produção do vinagre envolve dois tipos de alterações bioquímicas: fermentação alcoólica de um carboidrato e oxidação do álcool até ácido acético. Existem diversos tipos de vinagres produzidos, dependendo do tipo de matéria-prima usada na fermentação alcoólica (sucos de frutas, xaropes com amiláceos hidrolisados).

Componentes

O vinagre de maçã contém, entre outras substâncias, cálcio, potássio, boro, magnésio, manganês, ferro, silício, betacaroteno, pectina, ácido acético e ácido málico. Seu pH está em torno de 4,5. Os médicos D.C. Jarvis e Pires Van Koek são os mais conhecidos divulgadores e estudiosos dos benefícios do vinagre de maçã. Há no vinagre de maçã natural mais de 30 elementos nutritivos fundamentais, mais de uma dúzia de sais minerais e enzimas essenciais e complexos multivitamínicos. Igualmente, encontra-se ferro, vitaminas B12, ácido fólico (bom no combate da anemia) e elementos antioxidantes, que combatem os radicais livres que produzem a decrepitude do corpo. Possui qualidades antissépticas (mata os micróbios infecciosos) e antibióticas (contêm bactérias inimigas dos microorganismos nocivos).

O vinagre de maçã natural é rico em sais de primeira importância para os processos bioquímicos do corpo, entre os quais o ácido málico que, entre outras funções, faz parte do chamado "ciclo de Krebs", que sintetiza um conjunto de reações bioquímicas responsáveis pela produção de energia no interior das células. Ele ajuda também na absorção dos nutrientes e, ao mesmo tempo, combate bactérias do aparelho digestório; evita a obstipação, apontada como a principal causa de muitas doenças, pois o vinagre de maçã natural ajuda na eliminação de substâncias tóxicas, produtos da má alimentação e poluição ambiental, que se alojam no intestino e no fígado. Há também a pectina que auxilia nos processos digestivos, reduzindo extraordinariamente o colesterol e outras gorduras densas.

Indicações

O vinagre de maçã natural é altamente diurético, ajuda na eliminação do excesso de líquidos. Possui qualidade antioxidante, anti-inflamatória e antibiótica excelentes. O vinagre de maçã natural controla o equilíbrio do pH do sangue e da pele e tem propriedade muito parecida com a química do suco gástrico, secretado no estômago, e por isso é capaz de matar bactérias nocivas à saúde, facilitando a digestão. Umas das razões da sua vitalidade é que ele associa minerais ao potássio: fósforo, cloro, sódio, magnésio, cálcio, enxofre, ferro, flúor, silício e traços de diversos outros. Alguns cientistas como o médico Pires Van Koek atribuem ao vinagre de maçã natural qualidades medicinais miraculosas para a saúde e o recomendam para pessoas que desejam voltar ao seu antigo peso de uma forma natural, e também para a regularização de todas as funções orgânicas deficientes, principalmente causadas por uma dieta antinatural. Então, não é novidade que o vinagre de maçã natural tenha conquistado a fama de ser um excelente nutriente, fortificante, depurador do sangue, rejuvenescedor do organismo e excelente emagrecedor. Atualmente, há pesquisas sobre a ação do vinagre de maçã natural em doenças mais graves ainda, com resultados surpreendentes e positivos. Se o vinagre de maçã é benéfico em todas as idades, como elemento preventivo de acúmulo excessivo de cálcio e substâncias terrosas obstrutoras do sistema, mais útil ainda é para aqueles que, em todas as circunstâncias, já se aproximam ou se encontram na velhice, ou estão doentes.

O vinagre de maçã é muito usado na medicina popular como fonte de ácidos orgânicos naturais, enzimas e complexos vitamínicos necessários na dieta humana. Contém minerais, aminoácidos, enzimas e outros nutrientes importantes para a saúde, que aumentam a eficiência do metabolismo. Com a melhor eficiência do metabolismo, ele faz com que o organismo queime calorias de um modo mais eficaz. Daí ajuda na redução do peso. Ajuda também o fígado a promover a desintoxicação orgânica e contribui para ajudar a digerir os alimentos ricos em gordura, facilitando sua eliminação natural. Melhora os níveis de colesterol sanguíneo e auxilia no funcionamento intestinal. As principais indicações para o uso do vinagre de maçã são tratamento do artritismo, sobrepeso, dores de cabeça crônicas, dores de garganta, afecções reumáticas, hipertensão e problemas de pele (uso cosmético). É altamente diurético, pois ajuda na eliminação do excesso de líquidos. Deixa a pele livre de manchas e irritações, tornando-a bonita e lisa, pois tem um pH semelhante ao da pele saudável. De efeito altamente cicatrizante, ajuda a curar ferimentos da pele e úlceras varicosas. O vinagre de maçã natural constitui hoje uma alternativa maravilhosa para a manutenção da saúde, pois retarda o envelhecimento, provocado principalmente pelos radicais livres, favorece a longevidade e uma boa qualidade de vida. Atualmente, há dezenas de trabalhos e pesquisas científicas em universidades e centros de pesquisas americanos e europeus sobre a atuação do vinagre de maçã natural no corpo humano.

A medicina popular de Vermont e o vinagre de maçã

No Estado norte-americano de Vermont, situado no extremo nordeste dos Estados Unidos, desde os tempos primitivos há costumes baseados em medicina popular que adaptam, às condições do local, práticas com base em conhecimentos milenares, e também empíricas, para manter saúde e vigor físico. Os vermonteses praticam uma dieta rica em carboidratos, com baixo teor de proteínas, e plena em vegetais ácidos. Observando o comportamento dos animais domésticos e silvestres, fazem escolhas dietéticas entre frutas, óleo puro do milho, folhas comestíveis ácidas, alimentos integrais, raízes, mel e vinagre de maçã natural, que eles mesmos fabricam para os mais diversos usos. Os naturais da região vêm conservando, há gerações, a saúde, a jovialidade e a longevidade ativa e produtiva. O médico D.C. Jarvis pesquisou durante muitos anos o modo de vida e dieta dos vermonteses. Nascido também no Estado no Vermont, formou-se em medicina clássica e retornou ao seu local de nascimento para conviver e aprender, com os velhos camponeses locais, a medicina dos seus antepassados, que alinha um conhecimento de leis naturais antigas aos fatos cotidianos. O estilo de vida dos vermonteses chamou a atenção de muitas outras pessoas interessadas em aprender na prática como lidar com as mais diversas doenças apelando para os recursos da própria natureza.

Em suas observações e experiências, verificou que as chaleiras em que se ferviam água formam, com o tempo, uma dura camada no fundo, resultado da precipitação de sais, cloretos, etc., e que essa crosta, sob o efeito de vinagre de maçã, dissolvia-se, deixando a chaleira como nova. Igualmente comprovou que, mergulhando cascas de ovos em líquido de vinagre de maçã, elas se dissolviam lentamente. Investigou no local que as pessoas que usavam o vinagre de maçã eram muito mais saudáveis que as demais, que pareciam imunes às enfermidades e apresentavam uma extraordinária resistência física, além de haver pessoas com mais de 90 anos (algumas centenárias) que trabalhavam nas roças horas a fio sem apresentar grandes esforços, demonstravam vigor, bom ânimo, uma bela postura e excelente formação óssea, e diziam não adoecer. Verificou que animais, como vacas, cavalos e galinhas tratados com vinagre de maçã apresentavam vigor e resistência a doenças. Desse modo, e por outras vias, o doutor Jarvis chegou à conclusão de que o mesmo sucede com o corpo humano quando se toma o vinagre de maçã natural. Ele possuiria a faculdade de dissolver o cálcio excedente acumulado no organismo, permitindo que, ao absorvê-lo, os ossos se tornem mais fortes, menos expostos às fraturas e, sobretudo, em condições de ajudar na formação de tecidos mais elásticos, flexíveis, em favor do rejuvenescimento.

Assim, o mencionado médico fundamentou sua teoria no seguinte: o sangue pode ser de formação ligeiramente ácida ou alcalina. Isso depende, em grande parte, da alimentação que habitualmente é ingerida. Diz ele que o clima frio favorece o aumento de alcalinidade do sangue, bem como as preocupações, o medo, a ira, e toda a atitude e comportamento emocional negativo. Desse modo, pode haver uma variação do pH do sangue. Uma reação do sangue excessivamente alcalina favorece a vida das bactérias perigosas, que vivem e proliferam-se num meio alcalino em torno de 7,2 a 7,8 na escala de pH. Além disso, a alcalinidade excessiva pode provocar depósitos de cristais endurecedores, e, dependendo da região do corpo em que esses cristais se alojem, podem provocar no decorrer do tempo doenças ou disfunções correspondentes, como artrite, bursite, etc. Por outro lado, ele recomenda atividades físicas prazerosas, pois o sedentarismo contribui para o aumento da alcalinidade ou o espessamento do sangue. Diz, portanto, que é favorável que o sangue seja ligeiramente ácido, para que se torne mais fluido e irrigue todo o organismo sem dificuldade ou precipitação de cálcio pelo corpo. O doutor Jarvis afirma que a grande maioria das doenças tem como veículo o próprio sangue impuro, que distribui e deposita constantemente substâncias mortais pelo sistema ao longo dos anos. A purificação do sangue é de fundamental importância para reverter esse processo de endurecimento e envelhecimento precoce das várias estruturas moles do corpo e o secamento ou calcificação das articulações.

Em suas experiências, ele percebeu o valor extraordinário do vinagre de maçã natural no tratamento e prevenção de doenças, notando uma relação entre o potássio contido no vinagre de maçã natural e a saúde. A medicina popular do Vermont sustenta que o cálcio é importante para os ossos, assim como o oxigênio é para os pulmões, e o potássio é para o sistema nervoso. Ele notou que o cálcio é solúvel quando está em contato com um ácido como o do vinagre de maçã. Por outras vias, concluiu que o cálcio se precipita em meio alcalino e se dissolve em meio ácido. O cálcio excedente é um dos principais agentes endurecedores e obstrutores. A literatura médica diz que toda a gama de reação fisiológica do líquido extracelular tende para a alcalinidade. O sangue representa um quarto do líquido extracelular e tem sempre uma reação alcalina. Se essa alcalinidade for aumentada, o sangue engrossa e precipita sólidos em pequenos flocos, formando os depósitos de cálcio. As paredes dos pequeninos vasos arteriais permitem a passagem da parte fluídica do sangue, da mesma forma que a tinta passa através do mata-borrão. Os pequenos coágulos obstruem alguns capilares e, depois de algum tempo, há uma retenção de sangue, com o consequente aumento da pressão arterial e posteriormente deposição de cálcio e outras substâncias minerais.

Por outro lado, têm-se inúmeras provas de que o potássio controla o aproveitamento do cálcio no nosso organismo. Segundo todas as considerações do doutro Jarvis, com a ingestão do vinagre de maçã natural carregado de potássio apressa-se a consolidação ou o fortalecimento de um osso fraturado ou desmineralizado. A falta de potássio na dieta compromete a estatura dos indivíduos, sua ausência também provoca o enrijecimento da musculatura, das partes moles do corpo, os cabelos caem, a pele enruga, as unhas se quebram, as artérias se entopem e perdem sua elasticidade ou flexibilidade, e os ossos se desmineralizam-se e enfraquecem. Inundando o sangue com um ácido como o do vinagre de maçã natural e seu potássio contido, qualquer depósito de cálcio será desfeito e circulará para depois ser eliminado pela urina principalmente. Esse método, repetido todo dia, livrará de depósitos calcáreos os canais circulatórios depois de algum tempo.

Utilização

Segundo indicação do doutor D.C. Jarvis e de outros médicos naturalistas, para consumir o vinagre de maçã uma maneira é colocar em um copo uma colher das de sopa de vinagre de maçã, adicionar uma colher das de sopa de mel, completar com água destilada ou filtrada. Bater bem até misturar e tomar antes das principais refeições. O vinagre de maçã também pode ser tomado apenas com água.

CAPÍTULO IX

RECEITAS DELICIOSAS COM MAÇÃ

BEBIDAS

Chá de maçã e especiarias

Ingredientes
- 1 litro de água
- 1 maçã média ralada
- 3 unidades de cravo da índia
- 1 unidade de canela em pau
- Açúcar mascavo ou mel

Preparo

Levar ao fogo a água, a maçã, os cravos e a canela. Deixar ferver por aproximadamente 5 minutos, adoçar e servir.

Chá aromático de maçã e maracujá

Ingredientes
- 1 maçã
- 1 maracujá
- 1 litro de água
- Açúcar, adoçante ou mel a gosto

Preparo

Em uma panela, colocar a água e as frutas lavadas e cortadas com casca e sementes. Deixar cozinhar em fogo brando sem destampar. Quando estiverem bem cozidas, coar e adoçar a gosto. Esse chá é muito indicado para o alívio das tensões e do cansaço, e tem grande capacidade tranquilizadora.

Chá de casca de frutas

Ingredientes
- Casca de 1 maçã
- Casca de 1 abacaxi
- Casca de 1 maracujá
- Casca de 1 laranja
- 1 xícara de açúcar
- 6 unidades de cravo da índia
- 3 unidades de canela em pau
- 1 litro de água
- 1 colher (sopa) de chá de camomila
- 1 colher (sopa) de chá de erva-doce

Preparo

Lavar bem as cascas com uma escovinha e cortá-las em tiras pequenas (reservar um pouco da casca de maracujá para decorar). Em uma panela, levar ao fogo médio o açúcar, o cravo, a canela e 1 xícara de água e deixar cozinhar até formar uma calda. Continuar a cozinhar, acrescentando a água restante aos poucos. Adicionar os chás, desligar o fogo e deixar descansar, com a panela tampada, por alguns minutos. Coar (reservar os cravos e a canela em pau para decorar) e servir quente ou frio, decorado com as tiras de casca de maracujá, os cravos e os paus de canela reservados. Rende 1 litro. Esse chá é um excelente calmante.

Suco de maçã

Ingredientes
   2 maçãs pequenas
   1 limão
   ½ litro de água mineral

Preparo

Lavar as maçãs, cortá-las e descascá-las, desprezando o miolo e as sementes. Bater no liquidificador junto com o suco de limão e a água. Coar e servir, adoçando a gosto. Esse suco é muito utilizado para a disenteria infantil e de pessoas idosas, e serve para hidratar e auxiliar na recuperação do trânsito intestinal.

Drink refrescante de maçã e abacaxi

Ingredientes
- 4 unidades de maçã verde
- 3 fatias de abacaxi
- 1 colher (sopa) de raspas de limão
- ½ copo de vinho branco
- 100 ml de vodka
- 4 cálices de licor de kiwi
- 2 copos de água
- 4 colheres (sopa) de açúcar

Preparo

Bater bem no liquidificador as maçãs, sendo 3 descascadas e 1 com casca, junto com o abacaxi, as raspas de limão e a água, e passar numa peneira. Bater novamente no liquidificador o suco peneirado resultante com os demais ingredientes, e passar na peneira novamente. Deixar por 10 minutos no congelador, misturar e servir bem gelado. Rende quatro porções.

Vitamina de cenoura, maçã e laranja

Ingredientes
- 1 cenoura média
- 1 maçã gala
- 2 xícaras (chá) de leite desnatado
- 2 colheres (sopa) de germe de trigo
- 1 xícara (chá) de suco de laranja

Preparo

Lavar a cenoura, raspar a casca e ralar. Lavar a maçã, partir ao meio e eliminar o pedúnculo e o miolo com as sementes. Em seguida, picar grosseiramente. Colocar no liquidificador a metade da cenoura ralada, a maçã, o leite, o germe de trigo e o suco de laranja e bater rapidamente. Distribuir a bebida nos copos e dispor o restante da cenoura ralada por cima.

SALGADOS

Arroz de maçãs

Ingredientes

    250 g de arroz
    ½ kg de maçãs
    3 colheres (sopa) de açúcar
    1 colher (sopa) de manteiga
    ½ litro de água
    Amêndoas a gosto (opcional)
    1 colher (sopa) cheia de baunilha em pó e raspas de limão

Preparo

Lavar as maçãs, descascar e cortar em tiras. Colocar em uma panela, acrescentar os demais ingredientes, exceto o arroz e as amêndoas, e cozinhar por 10 minutos. Lavar e escorrer o arroz. Acrescentar a mistura de maçãs e cozinhar em fogo brando por 20 minutos, até o arroz ficar cozido e seco, pois o arroz é cozido na água das maçãs. Colocar numa travessa, salpicar amêndoas torradas e picadas e servir.

Maçã à milanesa

Ingredientes
   3 maçãs
   3 colheres (sopa) de farinha de rosca
   2 ovos batidos
   Sal a gosto
   1 xícara (chá) de óleo

Preparo
Lavar bem as maçãs e cortar em rodelas. Retirar então o centro, transformando as rodelas em anéis. Passar na farinha de rosca, nos ovos batidos com sal, e novamente na farinha de rosca. Fritar em óleo, dourando dos dois lados. Servir em seguida.

Frango ao molho de maçã e curry

Ingredientes
   1 e ½ kg de coxas e sobrecoxas de frango
   3 dentes de alho amassados
   1 cebola picada
   1 folha de louro
   O quanto baste de sal
   O quanto baste de pimenta-do-reino preta
   2 maçãs

1 lata de creme de leite
1 colher (sobremesa) de curry
1 colher (sobremesa) de farinha de trigo
O quanto baste de margarina

Preparo

Temperar o frango com o alho, sal, pimenta e a folha de louro e deixar marinando por pelo menos duas horas. Colocar o frango para cozinhar até que fique macio e dourado. Bater no liquidificador as maçãs com o creme de leite, a farinha e o leite. Depois, colocar em outra panela a cebola bem picada com a margarina e deixar que ela fique até quase dourar (murchar), colocar o creme batido e o curry. Deixar ferver e colocar o frango; apagar o fogo e servir logo a seguir com arroz branco e uma salada de alface.

Frango recheado com purê de maçã

Ingredientes

2 peitos de frango desossados
100 g de *cream cheese*
100 g de farinha de trigo
100 g de farinha de rosca
2 ovos
O quanto baste de noz-moscada
O quanto baste de sal
4 maçãs verdes

Preparo do frango

Abrir o peito e dar uma batida para amaciar a carne. Temperar com sal e rechear com uma camada de *cream chease*. Enrolar o frango sobre papel alumínio e reservar. Misturar a farinha de rosca com a noz-moscada e sal. Num outro prato, colocar um pouco de farinha de trigo. Mexer os ovos com um garfo em outro prato. Em seguida, passar o rolinho de frango na farinha de trigo, nos ovos, e, por último, na farinha de rosca temperada. Deixar o óleo ficar bem quente e fritar os rolinhos. A quantidade de óleo deve ser suficiente para cobri-los. Retirar do fogo quando estiverem dourados. Escorrer numa toalha de papel.

Preparo do purê de maçã

Retirar o miolo da fruta, descascar e cortar em vários pedaços. Levar ao fogo para cozinhar, por no máximo, cinco minutos. Após cozinhá-las, bater no liquidificador até virar um creme. Levar ao fogo por mais três minutos. Servir junto com o frango.

Batata com maçã e nata

Ingredientes
    5 batatas em rodelas
    3 maçãs em rodelas sem casca
    2 cebolas em rodelas
    1 lata de creme de leite

O quanto baste de sal
O quanto baste de tempero completo
Alho moído a gosto
50 g de queijo ralado

Preparo

Em um refratário com tampa, colocar as batatas, as maçãs e a cebola em camadas (tudo cru e sem tempero). Acrescentar o creme de leite e adicionar sal, alho moído e outros temperos de sua preferência. Mexer e derramar sobre as batatas. Cubrir o refratário (se não tiver tampa, usar papel alumínio) e levar ao forno por 20 minutos aproximadamente. Destampar e espalhar o queijo ralado e voltar ao forno para gratinar.

Sopa cremosa de agrião e maçã

Ingredientes

1 maço de agrião picado
1 maçã verde
1 cebola em pedaços médios
2 dentes de alho amassados
1 colher (sopa) de margarina *light*
2 colheres (sopa) de farinha de trigo
2 tabletes de caldo de galinha sem gordura
½ litro de leite desnatado
O quanto baste de sal
O quanto baste de pimenta do reino branca

½ xícara (chá) de queijo meia cura
1 xícara (chá) de *croutons*

Preparo

Cortar a maçã em oito pedaços. Reservar. Em uma panela, colocar a manteiga, a maçã, o alho e a cebola, refogar até dourar. Colocar aos poucos o agrião, o leite, a farinha, os tabletes de caldo de galinha e o refogado no liquidificador e bater até ficar um creme. Voltar tudo para a panela e mexer sempre, deixando ferver por cinco minutos. Se a sopa estiver muito grossa, colocar mais leite. Servir com o queijo meia cura picado grosso e os *croutons*.

SALADAS E SANDUÍCHES

Salada de repolho com maçã

Ingredientes

1 repolho branco grande
4 maçãs vermelhas com casca
1 pimenta dedo de moça sem semente
200 g de uvas passas pretas
1 xícara (chá) de maionese
1 xícara (chá) de creme de leite fresco
¼ xícara de salsa picada
Sal a gosto

Preparo

Cortar o repolho, a maçã e a pimenta em tiras finas. Juntar os outros ingredientes e misturar. Servir. Se preferir, colocar outros temperos a gosto.

Salada de maçã e erva doce

Ingredientes
- 2 unidades de erva doce (funcho) em fatias
- 2 maçãs em fatias
- 2 colheres (sopa) de uvas passas

Ingredientes para o molho
- 2/3 xícara (chá) de creme de leite
- 1 colher (chá) de vinagre de maçã
- ½ unidade de casca de laranja
- O quanto baste de açúcar
- O quanto baste de sal
- O quanto baste de pimenta do reino branca
- 1 colher (sopa) de suco de laranja

Preparo

Colocar a erva doce e as maçãs numa tigela. Misturar. Para fazer o molho: Numa tigela, misturar todos os ingredientes do molho, espalhe sobre a erva doce e as maçãs. Envolver imediatamente para evitar que as maçãs escureçam. Guarnecer com as uvas passas.

Sanduíche de atum com maçã

Ingredientes
- 1 lata pequena de atum
- 1 colher (sopa) de azeite de oliva
- 1 pitada de pimenta do reino branca
- 1 maçã Fuji
- 1 colher (sopa) de vinagre de vinho branco
- 4 folhas de alface crespa
- 1 pão *ciabatta* médio
- Sal a gosto

Preparo

Colocar em uma tigela o atum, o azeite de oliva, a pimenta do reino e o sal. Mexer vigorosamente com uma colher até obter uma mistura homogênea. Reservar. Lavar a maçã, secar e cortar em fatias finas e colocar em outra tigela. Regar com o vinagre e reservar. Lavar as folhas de alface e secar com toalha de papel. Reservar. Abrir a *ciabatta* no sentido horizontal. Em uma das metades, dispor as folhas de alface e as maçãs. Espalhar a pasta de atum na outra metade e fechar a sanduíche.

Sanduíche de presunto, requeijão e maçã verde

Ingredientes
- 1 cenoura ralada
- 1 maçã verde ralada
- 4 colheres (sopa) de requeijão

1 colher (sopa) de nozes moídas
O quanto baste de sal
12 fatias de presunto defumado
8 fatias de pão de forma

Preparo

Misturar bem a cenoura, a maçã, o requeijão, as nozes e o sal. Dividir a mistura em quatro partes. Colocar três fatias de presunto em cada metade de pão e, a seguir, espalhar uma das partes da mistura sobre o presunto. Fechar os sanduíches com as outras fatias de pão. Servir em seguida.

Sanduíche de maçã e nozes

Ingredientes

2 fatias de pão preto
1 maçã picada
1 talo de salsão picado
2 colheres (sopa) de nozes picadas
1 colher (sopa) de maionese *light*
4 colheres (sopa) de iogurte desnatado
O quanto baste de dill (endro)

Preparo

Em um recipiente, colocar a maçã, o salsão, as nozes, a maionese, o iogurte desnatado e o dill. Misturar bem. Colocar metade do recheio em cada fatia de pão. Servir em seguida.

PÃES

Pãezinhos de maçã

Ingredientes

    1 tablete de fermento biológico fresco
    ½ xícara (chá) de açúcar
    ½ xícara (chá) de água morna
    1 colher (café) de sal
    1 colher (sopa) de manteiga sem sal derretida
    1 colher (sopa) de banha
    1 ovo
    3 xícaras (chá) de farinha de trigo

Ingredientes do recheio

    2 maçã fatiadas
    1 xícara (chá) de uvas passas
    O quanto baste de canela em pó
    100 g de manteiga derretida(s)

Ingrediente da cobertura

    500 g de *fondant*

Preparo

Dissolver o fermento em um pouco de açúcar. Adicionar o restante do açúcar, a manteiga e a banha. Juntar o ovo ligeiramente batido, a água e o sal. Mexer um pouco. Adicionar a farinha aos poucos até a massa desgrudar das mãos. Para a massa ficar bem homogênea, sová-la em uma superfície lisa, levemente enfarinhada, por cerca de cinco minutos. Deixar descansar coberta com um plástico por cerca de uma hora. Abrir a massa com o rolo e cortar com um cortador redondo. Pincelar cada disco com manteiga derretida. Por cima de cada rodela, colocar duas tirinhas de maçã (depois que cortar a maçã, deixar de molho por alguns minutos em uma tigela de água com um pouco de suco de limão. Antes de utilizar, escorrer bem a água), algumas uvas passas e polvilhar com canela. Fechar bem. Levar ao forno médio (180°C) por aproximadamente 20 minutos ou até que os pãezinhos estejam dourados. Derreter o *fondant* em banho maria (caso não queira ele muito grosso, misturar um pouco de água), mergulhar a superfície dos pãezinhos no *fondant* derretido, deixar secar e sirva. Rende oito pães.

Pão de maçã

Ingredientes da massa
   3 xícaras de farinha de trigo
   ½ xícara de leite morno
   ½ xícara de água morna
   5 colheres (sopa) de açúcar
   2 colheres (sopa) de manteiga sem sal
   1 colher (chá) de sal
   10 g de fermento ativo seco
   2 ovos

Ingredientes do recheio
   1 maçã ralada em ralo grosso
   2 colheres (sopa) de açúcar

1 colher (chá) de canela em pó
1 colher (sobremesa) de manteiga
1 gema para pincelar

Ingredientes da cobertura
Açúcar de confeiteiro
Leite

Preparo

Misturar todos os ingredientes da massa e sovar até desgrudar das mãos. Deixar crescer até dobrar de volume. Preparar o recheio, misturando todos os ingredientes. Modelar os pães e rechear. Pincelar com a gema. Deixar crescer novamente. Levar ao forno preaquecido em temperatura média por 30 minutos. Ao retirar do forno, pincelar com a mistura de açúcar de confeiteiro e leite. Rende três pães.

BOLOS E TORTAS

Bolo de maçã com iogurte

Ingredientes
2 maçãs
½ xícara (café) de suco de limão
1 xícara (chá) de farinha de trigo
4 colheres (sopa) de açúcar
1 colher (sopa) de fermento químico em pó
1 copo de iogurte desnatado

½ copo de óleo de soja
2 ovos
O quanto baste de margarina para untar

Preparo

Lavar as maçãs, descascar e cortar em fatias médias. Acrescentar o suco de limão e reservar. Em uma vasilha, colocar a farinha, o açúcar, o fermento, o iogurte, o óleo, os ovos e misturar bem. Preaquecer o forno em temperatura média, por volta de 180°C. Colocar metade da massa em uma forma redonda e rasa, de aproximadamente 30 centímetros de diâmetro (ou forma para torta de tamanho equivalente), untada e enfarinhada. Sobre a massa dispor as fatias de maçã e cubrir com o restante da massa. Levar ao forno até que o bolo fique bem dourado. Servir frio. Rende 14 porções.

Bolo de maçã delicioso

Ingredientes

3 claras de ovo em neve
2 xícaras (chá) de açúcar
100 g de manteiga
3 gemas de ovo
1 colher (sopa) de fermento químico em pó
1 xícara (chá) de leite
3 xícaras (chá) de farinha de trigo
1 e ½ maçã em rodelas
200 ml de xarope de groselha

Preparo

Bater, até ficar um creme, o açúcar, a manteiga e as gemas. Acrescentar o leite e a farinha e bater até misturar bem. Adicionar o fermento e as claras em neve e misturar delicadamente. Numa forma de buraco central, dispor as maçãs em rodelas e jogar por cima delas a groselha. Colocar por cima a massa e levar para assar em forno preaquecido por 35 minutos. Desenformar ainda quente.

Bolo de maçã com avelãs

Ingredientes

3 ovos
½ xícara (chá) de óleo de soja
2 xícaras (chá) de açúcar mascavo
1 e ½ xícara (chá) de farinha de trigo
½ xícara (chá) de aveia
1 colher (sopa) de fermento químico em pó
1 colher (sobremesa) de canela em pó
1 colher (chá) de cravo da índia em pó
2 maçãs picadas
100 g de uvas passas sem sementes
100 g de avelãs trituradas

Preparo

Bater no liquidificador os ovos, o leite e o óleo. Colocar o líquido batido em uma tigela adicionando o açúcar, a farinha, a aveia, a canela, o cravo em pó e o fermento, mexendo delicadamente. Por último, colocar as maçãs, as passas e as avelãs. Untar e enfarinhar uma forma média de buraco no meio, colocar a massa e levar para assar em forno preaquecido em temperatura média (180°C) até assar. Depois de assado, desenformar e polvilhar o bolo com açúcar, canela ou açúcar de confeiteiro passado na peneira.

Bolo de maçã com aveia

Ingredientes
- 100 g de margarina
- 1 xícara (chá) de açúcar mascavo
- 3 ovos
- 4 maçãs em cubos pequenos
- 1 xícara (chá) de aveia em flocos
- ½ xícara (chá) de farinha de trigo
- O quanto baste de canela em pó
- 1 colher (sopa) de fermento químico em pó
- ½ xícara (chá) de açúcar

Preparo

Bater na batedeira a margarina e o açúcar mascavo até formar um creme. A seguir, juntar os ovos, as maçãs, a aveia e a farinha de trigo. Adicionar no final a canela em pó e o fermento em pó. Colocar a massa em uma forma untada e polvilhada com farinha de trigo. Misturar o açúcar com a canela em pó e polvilhar sobre a massa ainda crua. Levar ao forno preaquecido a 180°C.

Bolo de maçã fácil

Ingredientes
- 2 xícaras (chá) de farinha de trigo
- 4 maçãs picadas
- ½ xícara (chá) de óleo de milho
- 2 xícaras (chá) de açúcar
- 4 ovos
- 1 colher (sopa) de fermento químico em pó

Preparo

Bater todos os ingredientes no liquidificador, menos a farinha de trigo e o fermento em pó. Depois de tudo misturado, colocar em forma de bolo untada. Assar em forno preaquecido por aproximadamente 45 minutos.

Torta rápida de maçã

Ingredientes
- 3 maçãs fatiadas
- 1 lata de leite condensado
- 3 ovos
- 6 colheres (sopa) de açúcar

Preparo

Untar um recipiente refratário com margarina. Colocar as fatias de maçãs. Misturar o leite condensado com as gemas e colocar em cima, bater as claras em neve, juntar o açúcar e continuar batendo. Colocar em cima e levar ao forno para assar em forno não muito quente. Dica: cortar as fatias de maçã e colocar em água com algumas gotas de limão para não escurecer.

Torta de maçãs com morangos

Ingredientes

500 g de massa pronta para tortas
250 g de farinha de trigo
125 g manteiga amolecida
100 g açúcar
1 ovo
1 g vanilina
1 pitada de sal
500 g de morangos
600 g de maçãs
150 g de açúcar
Cacas de 2 limões
1 fava de baunilha
1 limão
1 colher (sopa) de farinha de trigo
4 bolachas maisena
Manteiga e farinha de trigo para untar

Preparo

Lavar e secar os limões e ralar as cascas. Descascar as maçãs, retirar o talo central e cortar a polpa em cubinhos. Limpar e lavar os morangos e cortar em gomos de comprido. Em uma vasilha, juntar as

frutas, as cascas raladas de limão, o açúcar, a farinha e as sementes de baunilha, retiradas da fava cortada ao meio no comprimento e raspada com uma faca pequena. Misturar bem e reserve. Aquecer o forno a 180°C e untar uma forma de fundo removível de 22 a 24 centímetros de diâmetro com a manteiga e a farinha. Picar em pedaços pequenos as bolachas. Abra a massa em dois discos, um deles ligeiramente maior que o outro, e forrar a assadeira com o maior. Fazer furos com um garfo sobre a massa, espalhar as bolachas picadas, cubrir com a mistura de frutas e fechar com o disco menor. Apertar bem as bordas para selar a torta e levar ao forno por 45 minutos. Deixar esfriar e desenformar sobre o prato de servir.

American pie

Ingredientes

500 g de massa *brisée* (parecida com a massa podre, porém com ovos)
1 kg de maçãs
150 g de açúcar
1 e ½ colher (sopa) de farinha de trigo
1 e ½ colher (café) de canela em pó
Casca de 1 limão
noz-moscada
400 g de sorvete de creme ou baunilha
Manteiga e farinha de trigo para untar

Preparo

Lavar as maçãs, descascar, cortar em gomos e retirar o talo. Cortar a polpa em cubinhos e colocar numa tigela com a casca de limão ralada, o açúcar, a farinha, 1 colher de café de canela em pó e uma pitada de noz-moscada. Misturar bem e reservar. Untar uma forma para torta de 20 centímetros de diâmetro com manteiga e farinha. Abrir a massa *brisée* em dois discos, um deles ligeiramente maior que o outro, e forrar a forma com o maior. Distribuir as maçãs sobre a massa. Tampar a torta com o segundo disco, apertando as bordas com os dedos para selar bem. Assar em forno preaquecido a 200°C por cerca de 40 minutos, desenformar sobre o prato de servir e deixar esfriar. Cortar a torta em fatias e servir em pratos de sobremesa com duas bolas de sorvete de creme pulverizadas com o restante da canela.

Torta de maçã

Ingredientes

- 6 maçãs médias
- 4 gemas de ovos
- 4 colheres (sopa) de farinha de trigo
- 1 lata de leite condensado
- 1 lata de leite

Ingredientes da cobertura

- 4 claras
- 1 xícara (chá) de açúcar

Preparo

Cortar as maçãs em fatias e forrar uma travessa de cerca de 40 centímetros. Levar ao forno para secar. Cinco minutos são suficientes. Enquanto isso, misturar as gemas, o leite condensado, o leite e a farinha de trigo e bater no liquidificador. Despejar a mistura sobre as maçãs e levar ao forno por mais 20 minutos. O ponto é quando ficar um creme firme, parecido com pudim. Para fazer o merengue da cobertura, misturar as claras e o açúcar numa panela e leve ao fogo. Mexer até dissolver o açúcar. Em seguida, bater na batedeira até formar um merengue. Cubrir as maçãs e colocar no forno até dourar.

Strudel de maçã

Ingredientes

4 maçãs ácidas grandes
4 colheres (sopa) de açúcar
1 colher (chá) de canela em pó
4 colheres (sopa) de uvas passas sem sementes
½ colher (sopa) de cascas de limão raladas
Manteiga e farinha de trigo para polvilhar
1 pacote de 400 g de massa folhada semipronta
Manteiga derretida para pincelar
½ xícara (chá) de nozes picadas
1 gema de ovo
Açúcar de confeiteiro para polvilhar

Preparo

Descascar as maçãs e cortar em fatias pequenas. Ligar o forno a 220°C e untar uma assadeira com manteiga. Em uma tigela, misturar as maçãs com açúcar, canela, casca de limão e uvas passas. Espalhar farinha de trigo em um pano e abrir com um rolo a massa folhada. Usar um cortador para tirar as eventuais partes grossas. Pincelar a massa com manteiga derretida, colocar as nozes e depois misturar com as maçãs. Deixar uma borda livre nas laterais. Enrolar a massa, pincelar com gema de ovo e manteiga e pôr no forno por 10 minutos. Reduzir a temperatura do forno pra 180°C e deixar por 20 minutos. Retirar e polvilhar com açúcar de confeiteiro. Ideal servir com sorvete de creme.

Torta americana de maçã

Ingredientes da massa

   3 xícaras (chá) de farinha de trigo
   1 colher (chá) de sal
   1 xícara (chá) de gordura vegetal hidrogenada
      em pedaços pequenos
   6 colheres (sopa) de água gelada

Ingredientes do recheio

   6 maçãs fatiadas
   1 colher (chá) de suco de limão
   1 xícara (chá) de açúcar

¼ xícara (chá) de farinha de trigo
1 colher (café) de canela em pó
1 colher (café) de noz-moscada
1 colher (café) de sal
2 colher (sopa) de manteiga em pedaços pequenos
2 colheres (sopa) de manteiga em cubos pequenos

Preparo

Massa: Em uma tigela, colocar a farinha, o sal e a gordura. Ir misturando com a ponta dos dedos, até obter textura de areia grossa. Passar para um processador, começar a bater e acrescentar água aos poucos para dar liga à massa e reservar. Recheio: Misturar muito bem em uma tigela as maçãs, o suco de limão, o açúcar, a farinha de trigo, a canela, a noz-moscada e o sal. Montagem: Dividir a massa em duas partes. Abrir dois discos de 25 centímetros em um saco plástico enfarinhado e forrar o fundo de um refratário redondo com um dos discos. Distribuir o recheio sobre a massa, espalhar os pedaços de manteiga e cubrir com outro disco. Retirar as sobras de massa com uma faca e fechar bem as bordas apertando com um garfo. Furar com o garfo ou palito de dente. Levar para assar em forno médio, preaquecido, por cerca de 40 minutos. Polvilhar açúcar de confeiteiro e canela em pó e servir morno com chantilly ou sorvete de creme.

Torta de maçã com massa de biscoito

Ingredientes da massa
- 100 g de margarina
- 1 pacote de biscoitos tipo maria triturados

Ingredientes do recheio
- 2 maçãs fatiadas
- 1 colher (sopa) de suco de limão
- 1 lata de leite condensado
- 3 ovos
- 4 colheres (sopa) de margarina
- 1 e ½ colher (chá) de essência de baunilha
- ½ colher (chá) de canela em pó

Ingrediente da cobertura
- 40 g de geleia de damasco

Preparo

Massa: Misturar bem o biscoito com a margarina e forrar o fundo de uma forma de aro removível de 25 centímetros de diâmetro. Reservar. Recheio: pincelar as maçãs com o suco de limão e dispor sobre a massa. Bater o restante dos ingredientes no liquidificador em velocidade baixa por três minutos e deixar descansar por cinco minutos. Despejar sobre as maçãs. Levar ao forno moderado preaquecido a 180°C por 45 minutos ou até dourar. Deixar amornar e desinformar. Cobertura: cobrir a torta com a geleia de damasco.

DOCES E SOBREMESAS

Pavê de maçã

Ingredientes
    2 latas de creme de leite
    4 colheres (sopa) de açúcar
    2 e ½ pacotes de biscoito maisena
    4 maçãs em rodelas
    300 g de ameixas pretas em calda

Preparo
Misturar bem o creme de leite com o açúcar. Numa travessa, colocar, na ordem, uma camada do creme de leite com açúcar, uma de biscoito, uma de maçãs e uma de ameixas. Repetir as camadas até terminar os ingredientes, finalizando com uma camada de creme de leite com o açúcar. Enfeitar com ameixas inteiras sem caroço. Levar à geladeira por, no mínimo, quatro horas antes de servir.

Pavê de maçã com iogurte

Ingredientes da massa
    2 maçãs
    500 ml de água
    O quanto baste de açúcar

Ingredientes da cobertura
    ½ copo de iogurte natural
    1 xícara (café) de suco de laranja
    O quanto baste de açúcar

Ingredientes da montagem

   10 biscoitos tipo maisena
   1 xícara (café) de suco de laranja

Preparo

Colocar os ingredientes numa panela. Levar os ingredientes ao fogo e ferver até as frutas amolecerem. Coar e amassar com o garfo. Reservar. Cobertura: misturar todos os ingredientes e reservr. Montagem: deixar as bolachas maisena de molho por alguns instantes no suco de laranja (elas devem ficar um pouco mais moles que as utilizadas para um pavê normal, mas não precisam desmanchar). Forrar um refratário pequeno com metade das bolachas. Adicionar o recheio, cubrir com o restante das bolachas e despejar a cobertura. Levar à geladeira.

Purê *diet* de maçã com canela

Ingredientes

   3 maçãs sem casca e sem sementes
   ½ xícara (chá) de água
   O quanto baste de adoçante em pó
   1 colher (chá) de canela em pó

Preparo

Ralar as maçãs no ralo grosso e levar ao fogo brando, em uma panela, com a água. Depois de bem cozida, retirar do fogo e deixar esfriar. Acrescentar o adoçante e a canela e mexer bem. Servir gelado.

Maçã recheada

Ingredientes
- 4 maçãs
- 2 colheres (sopa) de suco de limão

Ingredientes do recheio
- 30 g de nozes picadas
- 30 g de uvas passas

Ingredientes da calda
- ½ xícara (chá) de vinho tinto
- 1 colher (chá) de amido de milho
- 4 colheres (sopa) de adoçante em pó
- O quanto baste de canela em pó
- ½ xícara (chá) de creme de leite *light*
- O quanto baste de hortelã

Preparo

Calda: descascar as maçãs e retirar o miolo, regar com o suco de limão e colocar em uma panela, ao lado de outra, regando com ½ xícara (chá) de água. Tampar bem e deixar cozinhar por cerca de 15 minutos em fogo baixo, até que amaciem. Misturar as nozes picadas com as uvas passas e rechear as maçãs. Desligar o fogo e deixar a panela tampada enquanto prepara a calda. Misturar o vinho tinto com o amido de milho e levar ao fogo para engrossar, retirar do fogo e acrescentar o adoçante em pó, a canela em pó e o creme de leite *light*. Misturar bem. Na hora

de servir, colocar as maçãs no centro de pratinhos individuais e distribuir a calda em volta. Servir quente ou fria. Enfeitar com hortelã.

Maçã com creme

Ingredientes

   6 maçãs
   2 litros de água
   3 pedaços de canela em pau
   6 colheres (sopa) de geleia dietética de damasco
   500 ml de leite
   2 colheres (sopa) de amido de milho
   2 gemas
   3 envelopes de adoçante em pó

Preparo

Descascar as maçãs e retirar o miolo sem chegar até o final, com cuidado para não quebrar. Reservar. Em uma panela, colocar a água e a canela e levar ao fogo para ferver. Juntar as maçãs e deixar cozinhar por cerca de 5 minutos. Retirar cuidadosamente com uma escumadeira e arrumar numa travessa com a cavidade para cima. Colocar uma colher de geleia em cada cavidade e reservar. Colocar o leite em uma panela e levar ao fogo para ferver. Dissolver o amido de milho em meio copo de água e despejar no leite fervendo, mexendo sem parar até que o creme engrosse. Adicionar as gemas ligeiramente batidas e o adoçante, misturando sem parar. Retirar do fogo e deixar esfriar. Distribuir o creme sobre as maçãs e levar à geladeira até servir.

Compota de maçã

Ingredientes
   5 maçãs Fuji grandes e descascadas
   Suco de 1 limão
   10 ameixas pretas sem caroço
   100 g de damascos
   Água, açúcar ou adoçante a gosto

Preparo
Cortar as maçãs em oito partes cada uma e regar com suco de limão para que elas não escureçam. Colocar os ingredientes em uma panela com água mineral, até cobrir as maçãs e deixar ferver até que o garfo entre com facilidade na maçã. Adoçar a gosto e servir. Observação: Para oferecer às crianças pequenas, a partir dos seis meses de idade, apenas cozinhar as maçãs com água mineral até que estejam bem macias, deixar esfriar e servir. Não há necessidade de adoçar, uma vez que a fruta já tem sabor adocicado. Procurar usar de imediato para evitar que oxidem e fiquem escuras.

Doce de maçã

Ingredientes
   1 kg de maçãs bem pequenas
   2 xícaras (chá) de açúcar

1 xícara (chá) de água
2 xícaras (chá) de suco de laranja

Preparo

Com uma faca pequena, retirar as sementes e o miolo das maçãs, procurando não partir e nem descascar as maçãs. Levar ao fogo alto, em uma panela grande, junto com os demais ingredientes. Deixar até ferver e abaixar o fogo. Manter cozinhando até as maçãs ficarem macias, e a calda, um pouco engrossada. Retirar a espuma que se formar com uma escumadeira. Tirar do fogo e deixar esfriar. Servir em temperatura ambiente ou levar à geladeira até o momento de servir. Manter tampado.

Sobremesa fácil de maçã

Ingredientes

1 pacote de bolacha tipo maria ou maisena
60 g de manteiga ou margarina derretida
¼ xícara de água
½ xícara de açúcar
1 colher (chá) de canela em pó
1 colher (sopa) de suco de limão
750 g de maçãs descascadas e sem sementes

Preparo

Triturar as bolachas no liquidificador. Retirar e misturar com a margarina ou manteiga derretida. Reservar. Colocar no liquidificador a água, o açúcar, a canela e o suco de limão, juntar a maçã aos poucos (meia xícara de cada vez). Desligar para raspar dos lados se precisar. Em taças, colocar camadas alternadas do purê de maçãs e da mistura de biscoitos, começando e terminando com os biscoitos. Levar para a geladeira por várias horas ou de um dia para o outro. Se desejar, pode servir com creme chantilly.

Maçã com creme

Ingredientes
   1 copo de iogurte desnatado
   1 xícara (chá) de creme de leite *light*
   Adoçante à gosto
   2 maçãs verdes ou vermelhas com casca, cortadas em cubos ou em lâminas e temperadas com limão
   1 colher (sobremesa) de sementes de linhaça
   Folhas de hortelã

Preparo
Misturar o iogurte, o creme de leite e o adoçante. Despejar sobre a maçã e salpicar as sementes de linhaça. Decorar com as folhinhas de hortelã

Crocante de maçã

Ingredientes
   2 maçãs
   1/3 xícara (chá) de açúcar mascavo

1/3 xícara (chá) de manteiga
1 e ½ xícara (chá) de farinha de trigo
1 colher (café) de sal
1 colher (chá) de canela em pó
1 xícara (café) de vinho do porto

Preparo

Retirar o miolo das maçãs. Cortar na largura em rodelas finas. Untar uma travessa refratária pequena. Espalhar as maçãs em duas camadas e polvilhar com duas colheres (sopa) de açúcar. Molhar com o chá ou vinho do porto. Misturar o sal, a canela, o açúcar e a farinha em uma tigela, adicionar a manteiga gelada cortada em pedacinhos. Esfregar a farinha e a manteiga com a ponta dos dedos. Assim que obtiver uma farinha grossa e mal misturada, estará pronto para ser espalhado por cima das maçãs.

Arroz doce com maçã seca

Ingredientes

1 xícara (chá) de arroz
1 lata de leite condensado
1 litro de água
6 unidades de cravos da índia
2 unidades de canela em pau
1 pacote de maçã seca
2 xícaras (chá) de água
½ xícara (chá) de açúcar refinado

1 pote de nata fresca
canela em pó para servir

Preparo

Retirar manualmente as sementes das maçãs secas e cortar em pedaços. Levar ao fogo com duas xícaras de água e açúcar, até a água secar e reservar. Ferver o leite condensado com um litro de água, cravo, paus de canela e o arroz, até ficar macio. Acrescentar as maçãs e a nata. Servir quente ou frio, polvilhado com canela em pó.

Muffins de maçã

(receita da nutricionista Paula Cristina A. da Costa, do Centro de Diabetes da UNIFESP)

Ingredientes

5 colheres (sopa) de margarina derretida *light*
1 ovo
½ xícara (chá) de leite desnatado
1 e ½ xícara (chá) de farinha de trigo
1 xícara (chá) de adoçante granular próprio para forno e fogão
½ colher (café) de sal
1 colher (chá) de canela em pó
½ colher (café) de noz moscada
1 e ½ colher (sopa) de fermento em pó
1 colher (sopa) de margarina *light* e 1 colher(sopa) de farinha de trigo para untar

Ingredientes do recheio
½ colher (chá) de maçãs secas cortadas em cubos

Ingredientes da cobertura
1 colher (sopa) de margarina light
1 colher (sopa) de adoçante granular
½ colher (sopa) de canela em pó

Preparo
Em uma tigela, colocar a margarina, o ovo, o leite e misturar. Adicionar a farinha e o adoçante e mexer com uma colher. Pôr o sal, a canela, a noz moscada e misturar. Por último, juntar o fermento e mexer. Com a margarina, untar forminhas próprias para *muffins* (ou para empadas grandes) e polvilhar com a farinha. Preencher cerca de ¾ da capacidade das forminhas com a massa. Colocar um pedaço de maçã seca em cada *muffin* e afundar com o dedo. Assar no forno médio por aproximadamente 20 minutos. Para fazer a cobertura, em uma vasilha misturar todos os ingredientes até obter uma pasta. Retirar os *muffins* do forno e pincelar com a cobertura.

Geleia de rosas e maçã

Ingredientes
6 maçãs
Açúcar *light* (ou adoçante de uso culinário)
Pétalas de rosas brancas de cultivo orgânico (sem agrotóxicos)

Preparo

Cortar em cubos as maçãs com casca e sementes. Colocar as maçãs cortadas em uma panela e cobrir com água. Cozinhar por alguns minutos. Coar as maçãs (sem apertar), separando o caldo. Para cada xícara (chá) de caldo de maçã, usar 3/4 de xícara (chá) de açúcar light e 1 xícara (chá) de pétalas. Cozinhar até dar o ponto de geleia.

Maçã do amor

Ingredientes

500 g de açúcar
2 colheres (chá) de vinagre branco
1 colher (chá) de anilina
4 maçãs

Preparo

Misturar os três primeiros ingredientes e fazer uma calda grossa. Pegar as maçãs e espetar em palitos de sorvete e mergulhar na calda. Por no tabuleiro e deixar esfriar. Observação: A anilina deve ser vermelha.

RECEITAS TRADICIONAIS JUDAICAS

Maçãs com mel, dependendo da região, são o marco do início do novo ano judaico, o Rosh Hashaná.

Elas marcam o início da ceia de ano novo judaico, e, na tradição *ashkenazi* (judeus da Europa Central), a fruta é o primeiro alimento a ser apreciado logo após a bênção do vinho e da partilha da *chalá*, o pão redondo de massa doce e macia. A seguir, reproduzimos algumas das principais receitas tradicionais judaicas que utilizam a maçã.

Bolo de amêndoas e maçãs

O melhor desse bolo é que pode ser feito em qualquer época e ainda é perfeito para quem tem intolerância ao glúten.

Ingredientes

- 4 maçãs verdes grandes
- 2 colheres (sopa) de suco de limão (divididas)
- 2 colheres (chá) de açúcar
- Óleo de canola para untar a forma
- 8 ovos grandes
- 3 e 1/4 de xícara (chá) de farinha de amêndoas
- 1 e 3/4 xícara (chá) de açúcar de confeiteiro
- 1/2 xícara (chá) de amêndoas cortadas em fatias fininhas

Preparo

Descascar as maçãs, tirar as sementes e cortar em fatias mais ou menos grossas. Colocar em uma panela com 1 colher de sopa de limão e o açúcar, e levar ao fogo médio até ferver. Provavelmente, será necessário um pouco de água para mantê-las úmidas. Tampar a panela, reduzir o fogo e cozinhar por 10 minutos, ou até que fiquem macias o suficiente para virar um purê quando amassadas com um garfo. Observar para não deixar ressecar. Ir pingando água de quando em quando. Retirar do fogo e deixar esfriar. Aquecer o forno a 180°C. Untar uma forma de abrir com 24 centímetros de diâmetro. Forrar o fundo com papel manteiga e untar novamente. Na tigela do processador de alimentos, usando a faca, colocar os ovos, a farinha de amêndoas, o açúcar de confeiteiro, as maçãs amaciadas e frias e a outra colher de sopa de suco de limão. Processar até que fique tudo bem misturado. Despejar a massa na forma, salpicar com as amêndoas em fatias e levar ao forno por aproximadamente 45 minutos. Verificar após 35 minutos, enfiar um espeto de metal ou madeira, que deve sair quase limpo. Retirar do forno e esperar 10 minutos para retirar da forma. Servir ligeiramente morno, ou a gosto. Fica bom durante uma semana na geladeira se estiver bem coberto.

Charosset

Ingredientes

Essa receita simboliza a argamassa com a qual os judeus faziam os tijolos, quando eram escravos no Egito. Os judeus *sefaradi* recomendam fazê-la bem condimentada, usando gengibre, cascas de laranja ou doces cristalizados, e toda espécie de frutas secas como tâmaras, figos e até bananas. Em Israel, é costume misturar farinha de *matzá* à massa e formar bolinhos mais consistentes.

Ingredientes

　2 xícaras (chá) de maçãs raladas
　½ xícara (chá) de amêndoas (opcional)
　½ xícara (chá) de nozes (opcional)
　½ xícara (chá) de uvas passas colocadas por uma hora em água morna para hidratar (se quiser, usar tâmaras picadas)
　2 colheres (sopa) de açúcar
　½ colher (sopa) de açúcar mascavo
　½ colher (chá) de canela em pó
　O quanto baste de vinho de *Pessach* ou vinho tinto

Preparo

Picar as nozes e as amêndoas em pedacinhos e misturar ao resto dos ingredientes formando uma massa.

Kugel de maçã

Ingredientes

　4 maçãs verdes
　4 colheres (sopa) de açucar
　1 colher (chá) de canela
　Suco coado de meio limão
　4 claras e 4 gemas separadas
　1 e ½ colher (sopa) de farinha de *matzá*
　½ xícara (chá) de amêndoas picadas

Preparo

Cortar as maçãs em fatias finas e juntar o açúcar, o suco de limão e a canela. Bater as gemas na batedeira até clarearem, desligar e juntar a farinha de *matzá* e as amêndoas às maçãs. Bater as claras em neve bem firmes e misturar a massa lentamente às claras: 1/3 de cada vez, usando sempre movimentos suaves. Despeje numa forma refratária bem untada com óleo e assar em forno médio por 45 minutos. Servir morno.

Compota de maçã

Ingredientes

- 5 maçãs Fuji grandes, descascadas e cortadas em oito
- Suco de 1 limão
- 10 ameixas pretas sem caroço (100 g)
- 10 damascos (100 g)
- Água
- Açúcar ou adoçante a gosto

Preparo

Cortar as maçãs em oito partes cada uma e regar com o suco do limão para que elas não escureçam. Colocar os ingredientes em uma panela com água mineral (até cobrir as maçãs) e deixar ferver até que o garfo entre com facilidade na maçã. Adoçar a gosto e servir. Se desejar, adicionar uvas passas.

REFERÊNCIAS BIBLIOGRÁFICAS

A grande cozinha – Bolos, merengues e tortas doces. São Paulo: Abril coleções.

BECKER, Udo. *Dicionário dos símbolos.* São Paulo: Editora Paulus, 1999.

BEHLAU, Mara; PONTES, Paulo. *Higiene vocal: cuidando da voz.* São Paulo: Editora Revinter, 1999.

BOUTARD, G.P. *Vinagre de maçã – Uma receita de vida,* São Paulo: Editora Claridade.

JARVIS, D.C. *Folk Medicine: A Vermont Doctor's Guide to Good Health.* New York: Holt. 1958.

O Estado de S.Paulo, Caderno Paladar, edição 103, de 6 de setembro de 2007.

PARKER, Julia. *O livro ilustrado dos sonhos.* São Paulo: Publifolha, 2001.

SCHWARCZ, Joseph A.; BERKOFF, Fran. *Alimentos saudáveis, alimentos perigosos: Guia prático para uma alimentação rica e saudável.* Reader´s Digest, 1998.

SITES DE INTERESSE

www.revistamirabilia.com
www.corposaudável.com
www.ufrgs.br/alimentus/feira/mpfruta/maca.htm
www.abpm.org.br
www.gastronomiabrasil.com
www.agapomi.com.br
www.felipex.com.br
www.agricultura.mg.gov.br
www.aenoticias.pr.gov.br
www.news.med.br
www.saudenainternet.com.br
www.nutrijobst.com
www.emedix.com.br
www.suapesquisa.com
www.nutrociencia.com.br
www.sebrae.com.br
www.sitemedico.com.br

www.revistapaisefilhos.terra.com.br
www.boinha.com.br/category/receitas/doces-
receitas judaicas
www.estadão.com.br/suplementos/not

LEIA TAMBÉM...

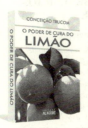

10 X 15 cm
200 páginas

O PODER DE CURA DO LIMÃO

Conceição Trucom

O poder de cura do limão é um guia de Medicina caseira que todo lar deve ter. Um alimento natural, acessível a todos, disponível o ano todo e que pode ser facilmente utilizado em diversas técnicas terapêuticas de prevenção e tratamento de várias doenças. O limão – polpa e casca – é um alimento ímpar da natureza porque sua composição lhe confere propriedades múltiplas como: fortalecer ossos, órgãos e sistemas; ativar a circulação e o sistema imunológico, entre outros. Você se surpreenderá ao conhecer todo o potencial de cura que esta fruta nos oferece.

10 X 15 cm
152 páginas

A IMPORTÂNCIA DA LINHAÇA NA SAÚDE

Conceição Trucom

Este livro traz um estudo detalhado das propriedades nutracêuticas da linhaça, importante alimento para a conquista do equilíbrio orgânico, eficiente na prevenção de diversas doenças e no tratamento de alguns quadros de deficiência hormonal. Esta semente nobre proporciona energia sem aumentar o peso de quem a consome, além de ativar o sistema imunológico e prevenir contra o envelhecimento. Um livro para aqueles que estão em busca de uma vida mais saudável e acreditam que a natureza oferece saúde em abundância.

LEIA TAMBÉM...

10 X 15 cm
152 páginas

PIMENTA E SEUS BENEFÍCIOS À SAÚDE

Dr. Marcio Bontempo

Você sabia que a pimenta, aquele condimento de sabor picante, traz diversos benefícios à saúde? Na realidade, o poder nutricinal e medicinal fazem da pimenta um alimento muito saúdavel. Seu sabor ardente deve-se a uma substância com propriedades analgésicas e energéticas. Além de informações sobre suas aplicações medicinais, este livro apresenta algumas receitas nas quais a pimenta é o principal ingrediente, assim você poderá apreciar o sabor inconfundível desta autêntica especiaria.

10 X 15 cm
152 páginas

ALHO - SABOR E SAÚDE

Dr. Marcio Bontempo

Não restam dúvidas acerca dos inúmeros benefícios do alho para a nossa saúde: é um antibiótico natural que combate muitas infecções, baixa o colesterol, protege o coração e favorece a circulação; é também um poderoso depurador e contém uma dose elevada de vitamina C, além de selênio – mineral antioxidante –, sendo ainda recomendado para o alívio de perturbações respiratórias.Conheça mais detalhadamente as indicações de seu uso no combate e prevenção de enfermidades, bem como os diversos benefícios que este alimento proporciona à sua saúde, além de aprender como escolhê-lo na hora da compra, como armazená-lo e como utilizá-lo para aproveitar melhor as suas propriedades em deliciosas receitas.

LEIA TAMBÉM...

10 X 15 cm
152 páginas

MEL - UMA VIDA DOCE E SAUDÁVEL

Dr. Marcio Bontempo

Mel - Uma vida doce e saudável mostra as propriedades, curiosidades, benefícios para a saúde e indicações de uso do mel, seja ele puro ou combinado com outros elementos como gengibre, eucalipto, canela, etc. Um verdadeiro guia para aqueles que estão em busca de uma vida mais saudável e acreditam que a natureza oferece saúde em abundância. Estudos mostram que o mel também é um bom coadjuvante no tratamento de problemas pulmonares, da garganta, do coração e da visão, além de tonificar e rejuvenescer a pele e os músculos.

10 X 15 cm
152 páginas

SOJA - NUTRIÇÃO E SAÚDE

Conceição Trucom

A proposta desse livro não se restringe ao ensino de receitas e seu aplicativo na culinária, mas esclarece e informa, oferecendo todo o conhecimento para que o consumo da soja e a prática da alimentação natural se tornem hábitos conscientes e saudáveis. Para aqueles que desejam reduzir o consumo dos alimentos de origem animal, ou mesmo para quem quer encontrar fontes alternativas e saudáveis de alimentos, essa obra dá uma valiosa contribuição, e é uma importante fonte referência e consulta.

LEIA TAMBÉM...

10 X 15 cm
152 páginas

GERGELIM - A SEMENTE DA SAÚDE

Beatriz R. Assumpção

O gergelim é muito valioso em termos nutricionais, pois contém proteínas com aminoácidos essenciais, carboidratos, vitaminas, diversos minerais, além de fibras e lipídios importantes na redução do colesterol do sangue, com propriedades anticancerígenas, antioxidantes e antibacterianas, componentes do tecido nervoso, e importantes na prevenção da arteriosclerose.

Mas o gergelim destaca-se mesmo por sua ação emoliente e laxante suave, pois umedece e lubrifica os intestinos e estimula o peristaltismo, evitando prisão de ventre, hemorroidas e câncer de cólon. Agora é só abrir este livro e descobrir como usar os "mágicos" efeitos dessa verdadeira semente da saúde.

10 X 15 cm
152 páginas

O PODER MEDICINAL DO COCO E DO ÓLEO DE COCO EXTRA VIRGEM

Dr. Marcio Bontempo

O poder medicinal do coco e do óleo de coco extra virgem é uma obra que reúne as informações mais recentes sobre as propriedades dessa incrível fruta e de seus subprodutos, que têm grande relevância na nutrição, no tratamento de doenças, na cosmética e em diversos outros aspectos, com dicas, receitas e recomendações de como se utilizar desse extraordinário presente que a natureza oferece.

LEIA TAMBÉM...

10 X 15 cm
152 páginas

CHOCOLATE - ENERGIA E SAÚDE

Dra. Rosana Farah

Que o chocolate carrega em sua fórmula algo de misterioso e envolvente, não restam dúvidas. Os "chocólatras" que o digam. Há quem faça qualquer coisa para garantir seu pedaço. De fato, o chocolate tem propriedades capazes de melhorar o humor, a beleza e a saúde. Altamente calórico, é o vilão das dietas, mas pode ser consumido com moderação consumido com moderação e de maneira saudável. Nutritivo, contém vitaminas e sais minerais, além de alto teor de flavonoides – substâncias antioxidantes que podem ajudar a reduzir os riscos de doenças cardiovasculares – e de substâncias precursoras da serotonina, responsável pela sensação de prazer e bem-estar. Motivos não faltam para usufruir sem culpa desse alimento.

10 X 15 cm
152 páginas

AZEITE DE OLIVA - SABOR, ESTÉTICA E SAÚDE

Dr. Marcio Bontempo

O azeite de oliva é um produto alimentar muito antigo, produzido a partir da prensagem de azeitonas.
Azeite de Oliva – Sabor, estética e saúde *reúne informações sobre as propriedades, usos e aplicações do azeite de oliva na alimentação, no tratamento de disfunções, na estética e cosmética, na prevenção de doenças e na manutenção da saúde, mostrando por que o azeite tem sido tão recomendado na atualidade, e trazendo dicas de como utilizar esse saboroso alimento para ter uma dieta nutritiva, gostosa e muito saudável.*

Para conhecer outros títulos,
acesse o site **www.alaude.com.br**,
cadastre-se, e receba
nosso boletim eletrônico com novidades.